세계기록유산
100% 활용하기

기록관리의
최종 목적은
활용이다

세계기록유산
100% 활용하기

홍덕용 지음

좋은땅

목차

1장

대한민국 기록유산에는 무엇이 있을까?

2장

어디서 보관하고 있을까?
대한민국 기록유산은

대한민국 기록유산에는 무엇이 있을까?

1.
세계기록유산이란
무엇인가?

유산이란 우리가 선조로부터 물려받은 사물 또는 문화로써 앞으로 살아갈 후손들에게 물려주어야 할 자산입니다. 유산의 형태는 독특하면서도 다양한데 아프리카 탄자니아의 세렝게티 평원에서부터 이집트의 피라미드, 호주의 산호초와 미 대륙의 바로크 성당에 이르기까지 모두 인류의 유산입니다.

'세계유산'이라는 특별한 개념이 나타난 것은 이 유산들이 특정 소재지와 상관없이 모든 인류에게 중요한 가치를 지니고 있기 때문입니다.

유네스코는 이러한 인류 보편적 가치를 지닌 자연유산 및 문화유산들을 발굴 및 보호, 보존하고자 1972년 세계 문화 및 유산 보호 협약(약칭 '세계유산협약')을 채택하였습니다.

유네스코에서는 세계문화유산(Heritage of the World) 외에도 '세계기록유산(Memory of the World)'과 '인류 구전 및 무형 유산(Heritage of Intangible Cultural)'을 등재하여 보존에 힘쓰고 있습니다.

우리나라의 유네스코 세계문화유산

1. 해인사 장경판전, 2. 종묘, 3. 석굴암·불국사, 4. 창덕궁, 5. 수원화성,
6. 고창·화순·강화 고인돌 유적, 7. 경주 역사유적지구, 8. 제주 화산섬과 용암동굴,
9. 조선왕릉, 10. 한국의 역사마을(하회와 양동), 11. 남한산성

우리나라의 유네스코 인류무형유산

1. 종묘제례 및 종묘제례악(2008), 2. 판소리(2008), 3. 강릉 단오제(2008),
4. 강강술래(2009), 5. 남사당 놀이(2009), 6. 영산제(2009), 7. 처용무(2009),
8. 제주 칠머리당 영동굿(2009), 9. 가곡(2010), 10. 대목장(2010),
11. 매 사냥술(2010), 12. 줄타기(2011), 13. 택견(2011),
14. 한산 모시 짜기(2011), 15. 아리랑(2012), 16. 김장 문화(2013)

또한 각 나라의 도서관이나 박물관에 보관되어 있는 문서들 중, 손으로 직접 쓴 책이나 인쇄된 책, 입에서 입으로 전해 오는 각종 자료, 시청각 자료 중에서 세계적으로 보존할 만한 가치가 있는 것을 선별하여 1992년부터 세계기록유산으로 등재하고 있습니다.

우리나라의 유네스코 세계기록유산

1. 조선왕조실록(1997), 2. 훈민정음(1997), 3. 승정원일기(2001),

4. 불조직지심체요절 하권(2001), 5. 고려대장경판 및 제경판(2007),

6. 조선왕조 의궤(2007), 7. 동의보감(2009), 8. 일성록(2011),

9. 1980년 인권기록유산 5·18 민주화운동 기록물(2011), 10. 난중일기(2013),

11. 새마을운동 기록물(2013), 12. 한국의 유교책판(2015),

13. KBS 특별생방송 '이산가족을 찾습니다' 기록물(2015),

14. 국채보상운동 기록물(2017), 15. 조선왕실 어보와 어책(2017),

16. 조선통신사에 관한 기록물(2017)

2.
우리나라는 왜
기록유산의 강국일까?

유네스코는 1946년 설립된 유엔(UN)의 전문 기구로, 한글로 번역하면 '국제연합 교육과학문화기구'입니다.

기록유산 보존 분야 전문가로 구성된 14명의 유네스코 국제자문위원 회가 1997년부터 2년마다 각 나라와 기구에서 등재를 신청한 기록물들을 심의해 세계기록유산을 선정합니다.

세계기록유산으로 선정되려면 한 국가를 초월하여 세계사와 세계문화에 중요한 영향을 주며 역사적 중요시기를 이해하는데 의미가 있거나 그 시기를 특별한 방법으로 반영하는 자료이거나 뛰어난 미적 양식을 보여 주는 자료 등 기준이 있습니다.

우리나라는 자타가 공인하는 기록유산의 강국입니다.

세계에서 가장 오래된 목판인쇄물인『무구정광대다라니경』을 보유하고 있을 뿐만 아니라 최초의 금속활자본인『직지』의 나라이기도 합니다. 특히『직지』는 한국의 발달한 인쇄문화를 잘 보여 주는 대표적인 유산입니다.

우리나라의 많은 기록들 중 2017년에 3건을 더해 총 16건이 유네스코(UNESCO)에서 선정하는 '세계기록유산(Memory of the World)'으로 등재되어 있습니다.

1997년 유네스코 세계기록유산으로 등재된『조선왕조실록』과 2001년 등재된『승정원일기』를 보면 우리나라가 왜 기록유산의 강국인지 알 수 있습니다.

『조선왕조실록』은 조선 태조부터 철종에 이르기까지 25대 임금의 472년간의 역사를 연월일 시간 순서에 따라 기록한 것입니다. 특히『승정원일기』의 경우 조선시대 왕의 비서실이던 승정원에서 남긴 기록물인데, 총 3243책, 글자 수로는 2억 4000여만 자입니다. 단일 문건으로는 세계 최대 분량입니다.

또한 유네스코는 역사적으로 의미가 큰 '근현대 기록물'도 세계기록유산으로 선정하고 있습니다. 우리나라 근현대 기록물 중에서도 세계기록유산에 등재된 것들이 있는데, 1905년 「국채보상운동 기록물」, 1970년대의 「새마을운동 기록물」, 1980년에 발생한 「광주민주화운동 기록물」, 1983년 「KBS 특별 생방송 '이산가족을 찾습니다' 기록물」 등입니다.

그런데 겨우 16건밖에 안 되냐고요? 아시아·태평양 지역에서 중국은 13건, 일본은 7건 그리고 우리나라는 16건을 보유하고 있습니다. 세계적으로는 독일 23건 1위, 영국 22건 2위, 폴란드 17건 3위, 네덜란드는 16건으로 우리나라와 같이 공동 4위입니다.

그럼 왜 우리나라가 기록유산의 강국일까요? 그것은 조상들이 기록을 통해 자신들의 삶을 돌아보고 반성하고자 하는 생활 속 습관이었습니다. 즉, 기록을 통해 역사의 과오가 다시 반복되지 않도록 노력함으로써 국권을 강화하고 외세의 침략에 대비하는 등 기록을 통해 뛰어난 힘을 발휘하는 것을 조상들은 알고 있었습니다.

참고로, 2017년 우리나라를 포함하여 중국·일본·네덜란드·필리핀 등 8개국 14개 시민단체가 신청한 「위안부 기록물」이 일본의 방해로 인해 등재가 보류된 것은 참 아쉽습니다.

순위	나라명	세계기록유산 보유건수
1	독일	23
2	영국	22
3	폴란드	17
4	대한민국, 네덜란드	16
5	오스트리아	15
6	러시아	14
7	중국, 프랑스, 멕시코	13
8	스페인	11
9	포르투갈, 브라질, 이란	10
10	미국, 인도	9

한편 2017년 유네스코가 『직지』의 고향 충북 청주에 '국제기록유산센터' 를 설립하기로 결정한 것은 우리나라가 기록유산의 강국이라는 것을 다시 한번 세계적으로 인정받은 결과입니다.

2020년, 이 국제기록유산센터가 완공되면 세계기록유산 정책 전반에 걸쳐 우리나라의 발언권이 이전보다 훨씬 강해질 것이 분명합니다.

이 책에서는 우리나라의 세계기록유산 16건을 등재순으로 특징을 살펴보고 기록유산을 체험·활용할 수 있는 방법을 안내하고자 합니다.

필자는 모든 기록유산을 직접 체험하여 아이들이 얻을 수 있는 학습 효과는 분명 유의미하다고 생각합니다. 하지만 문제는 세계기록유산, 아니 한국에 있는 기록유산만이라도 직접 체험하는 데에는 시간적·공간적·물질적 한계가 있습니다. 기록유산을 보관하고 있는 기관에 아이들과 직접 방문하여 눈으로 보고 내용을 배우면 좋지만 시간과 돈도 많이 들고 그리고 제한요건들이 너무나도 많습니다.

기록유산을 보유하고 있는 기관에서는 막대한 자본력을 투입하여 전산화(DB)를 통해 각 기관의 홈페이지나 웹 그리고 모바일 등 아카이빙을 구축하여 국민들에게 서비스하고 있습니다. 하지만 이를 제대로 알고 활용하는 사람은 드뭅니다.

세계 최초의 금속활자로 공인받는『직지심체요절』의 뒷이야기, 그리고 조선왕조의 실생활을 알 수 있는『의궤』의 뒷이야기, 한글 자·모음의 창제 원리를 담은『훈민정음 해례본』등 기록유산들의 특징과 가치를 직접 눈으로 보지 않고 역사를 논할 수 있을까요?

직접 체험할 수 없는 한계를 극복하기 위해 각 기관이 보유하고 있는 기록유산을 간접 체험하도록 안내하는 것이 이 책의 목적입니다. 각 기관의 전산화(DB) 아카이빙에 접속하는 방법을 안내하여 조상들의 지혜를 간접 경험할 수 있는 지적 성장 향상 및 리터러시(Literacy)*에 도움을 주기 위함입니다.

유산명	등재연도	세계적 가치
훈민정음 (訓民正音) 해례본	1997	독창적으로 새 문자를 만들고 한 국가의 공용문자로 사용하게 한 것은 세계적으로 유례가 없는 일. 한글의 창제 원리를 담은 기록
조선왕조실록 (朝鮮王朝實錄)	1997	472년간의 역사를 수록한 것으로서 한 왕조의 역사적 기록으로는 세계에서 가장 긴 시간에 걸친 기록
백운화상초록불조직지 심체요절 (白雲和尙抄錄佛祖直指 心體要節) 권하(卷下)	2001	세계 최초로 금속활자를 이용하여 인쇄된 기록물
승정원일기 (承政院日記)	2001	중국의 『중국 25사』(3,386책, 약 4000만 자) 및 우리나라 『조선왕조실록』(888책, 5400만 자)보다 더 방대한 세계 최대의 연대 기록물(총 3,243책, 글자 수 2억 4250만 자)
고려대장경판 및 제경판 (高麗大藏經板-諸經板)	2007	세계에서 가장 오래되고, 가장 정확하여 가장 완벽한 불교 대장경

* 리터러시(Literacy)는 문자화된 기록물을 통해 지식과 정보를 획득하고 이해할 수 있는 능력을 말한다.

조선왕조 의궤 (儀軌)	2007	장기간에 걸쳐 조선왕조의 주요 의식을 방대한 양의 그림과 글로 체계적으로 담고 있으며 이러한 유형은 동서양 전 세계적으로 유례가 없음
동의보감 (東醫寶鑑)	2009	일반 민중이 쉽게 사용 가능한 의학지식을 편집한 세계 최초의 공증보건의서
일성록 (日省錄)	2011	동서양의 정치 및 문화교류를 상세히 기록한 왕의 일기
1980년 인권기록유산 5 · 18 민주화운동 기록물	2011	광주민주화운동의 발발과 진압, 그리고 이후의 진상 규명과 보상 등의 과정과 관련된 방대한 자료를 포함한 문건, 한국의 인권과 민주화를 높이는 데 큰 역할을 하였으며, 국제적으로는 필리핀, 태국, 베트남 등 아시아 각국의 민주화운동에 영향을 줌
난중일기 (亂中日記) : 이순신 장군의 진중일기 (陣中日記)	2013	전시에 지휘관이 직접 작성한 독특한 기록물, 당시 국제전쟁으로서의 동아시아 전투상황에 대한 상세한 기록뿐만 아니라 당시의 기후나 지형, 일반 서민들의 삶을 상세히 기록한 중요한 연구자료
새마을운동 기록물	2013	빈곤퇴치, 여성인권 향상, 근대화의 모델로서 현재까지 전 세계 18개국에서 157개 사업이 진행되고 있으며 학습자료로도 활용
한국의 유교책판	2015	제작 과정부터 비용까지 자체적으로 분담하는 '공동체 출판'이라는 출판 방식은 세계에서 유례를 찾기 힘든 매우 특징적인 출판 방식, 5000년 이상 지속된 유학을 바탕으로 한 '집단지성'의 결과물로서 세계적 가치를 지님

KBS 특별 생방송 '이산가족을 찾습니다' 기록물	2015	KBS가 1983년 6월 30일 밤 10시 15분부터 11월 14일 새벽 4시까지 진행한, 단일 방송으로는 가장 긴 138일의 방송물로서 전쟁이 다시는 일어나서는 안 되겠다는 교훈을 담음
조선왕실 어보와 어책	2017	조선왕실의 의장용 도장과 교서로서 1392년부터 1966년까지 570여 년이라는 장기간에 걸쳐 지속적으로 제작하여 봉헌한 사례는 한국이 유일무이함. 당대의 정치·경제·사회·문화·예술 등의 시대적 변천상을 반영하였다는 점에서 뛰어난 가치를 지닌 기록물
국채보상운동 기록물	2017	한국의 국채보상운동은 이후에 일어난 운동과 비교하여 시기적으로 가장 앞선 것으로 가장 긴 기간 동안 전 국민이 참여하는 국민적 기부운동이었다는 점에서 기념비적이며, 당시의 역사적 기록물이 유일하게 온전히 보존되어 있다는 점에서도 역사적 가치가 큰 기록물
조선통신사에 관한 기록	2017	17~19세기 한·일간 평화구축과 문화교류의 역사로서 단순히 전쟁의 재발방지를 넘어 신뢰를 기반으로 한 조선과 일본의 평화와 우호를 상징하는 기록물

(자료 출처: 유네스코한국위원회 홈페이지)

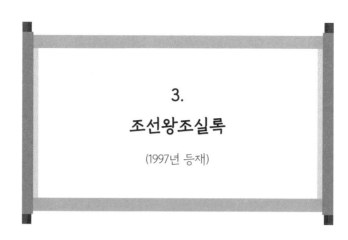

3.
조선왕조실록

(1997년 등재)

정확하게 말하면 '조선왕조실록'은 없다!!
그럼 『조선왕조실록』은 무엇일까?

실록은 왕이 죽고 난 후 그 왕이 임금으로 있던 기간 동안에 일어난 일들을 정리하여 묶어 놓은 책입니다. 나라를 세운 태조 임금부터 25대 철종 임금까지 각 임금마다 자기 이름을 붙인 실록이 있습니다.

그럼 왜 사람들은 『조선왕조실록』이라고 말할까요? 그 이유는 조선의 역대 임금들의 실록을 한꺼번에 모아 놓으면, 25대 472년, 17만 2천여 일 동안 일어난 일을 소상히 알 수 있기 때문에 각 왕들의 실록을 모두 합하여『조선왕조실록』이라 부르는 것입니다.

국보 제151호『조선왕조실록』은 조선
시대 왕들의 재위 기간 동안 일어난 일
을 연, 월, 일 순서에 따라 기록한, 즉 편
년체(연대순으로 기록한 역사 서술 방
식)로 기록한 역사서입니다. 단일 왕조
를 담은 역사서로서는 세계에서 가장
규모가 큰 책입니다.

조선왕조실록(출처: 규장각한국학연구원)

『조선왕조실록』이 세계기록유산인 이유는 무엇일까?

『조선왕조실록』은 25명의 임금이 재위했던 472년간의 역사를 기록하였
습니다.

『조선왕조실록』은 모두 합해 1,893권 888책인데, 글자 수는 모두 4700
만 자, 모두 '한문'으로 적혀 있습니다. 여기서 책(冊)은 여러 권의 서적을
하나로 묶은 단위를 말하며, '1책' 속에는 보통 2~4권의 서적이 포함되어
있습니다.

세계에서 이처럼 오랜 기간 동안 역사를 기록한 책은 없었습니다. 여기에 조선의 정치·외교·사회·경제·학술·종교·천문·지리·음악 등도 실려 있어 가히 조선의 모든 것을 담고 있다고 할 수 있는 방대한 역사서입니다.

따라서 조선시대 역사를 연구하려면 가장 기본적으로 이 『조선왕조실록』을 보고 있습니다. 단순히 조선의 이야기만 수록해 놓은 것이 아니기 때문에 중국·일본·몽골과 같은 주변 해외의 역사도 포함되어 있어 동아시아 역사 연구에도 많은 도움을 주고 있습니다.

『조선왕조실록』은 임금도 볼 수 없었다던데, 정말일까?

흥미로운 점은 『조선왕조실록』은 임금도 절대 볼 수 없었습니다. 만약 임금이 보고 자신의 맘에 들지 않는 부분을 고치려고 들면, 이를 막을 방도가 없었기에 임금이 보자고 사정해도 절대 보여 주지 않았습니다.

다만, 임금이 나랏일을 하는 데 도움을 주기 위하여 『조선왕조실록』 중에서 임금이 참조할 만한 내용을 간추린 『국조보감』을 따로 만들어 왕이 볼 수 있게 했습니다.

실록에는 임금을 비롯한 여러 인물과 사화와 같은 큰 사건에 대한 사관의 논평이 달려 있었는데 왕이라고 봐 주는 것 없이 무척 객관적으로 적었습니다. 후대 왕이 자신의 아버지나 할아버지에 관한 기록 중에 마음에 들지 않는 부분을 고칠 수도 있으니 실록을 읽지 못하게 하였습니다. 덕분에『조선왕조실록』에는 조선 472년 역사의 민낯이 생생히 담겨 있습니다.

총 25대에 이르는 왕의 이야기를 담고 있지만, 선조·현종·경종의 경우 수정실록이 하나씩 더 있어 실록은 총 28종입니다. 연산군과 광해군 때의 기록은 '실록'이란 말 대신 '일기(日記)'라고 적혀 있습니다. 실록은 왕에게만 붙이는 말인데, 연산군과 광해군은 왕의 자리에서 쫓겨나 왕자로 강등 됐기 때문에 실록이라는 제목을 부여하지 않았습니다.

세종대왕기념사업회와 민족문화추진회(현 한국고전번역원)는 1972년부터『조선왕조실록』번역 작업에 나섰습니다. 그로부터 20여 년이 흐른 1993년 완역에 성공, 평균 300쪽 분량의 413책으로 펴냈습니다. 그리고 2012년부터 한국고전번역원은 실록을 다시 번역하고 있습니다. 전에 완역된『조선왕조실록』이 한자투성이에 군데군데 오류도 많이 있었기 때문입니다.『조선왕조실록』이 하루빨리 완역돼 우리가 쉽게 읽을 수 있는 날이 왔으면 좋겠습니다.

왜 '철종실록'까지만 있나?

철종 이후에도 고종과 순종 임금이 나라를 다스렸지만, 태조부터 철종까지만 『조선왕조실록』안에 포함시킵니다.

그 이유는 고종과 순종 실록은 조선이 멸망한 이후인 일제강점기 때 만들어져서 사실 왜곡이 심하고 실록으로서의 가치도 떨어지기 때문입니다.

다른 나라에는 실록이 없었나?

중국이나 일본에도 실록은 존재하지만 『조선왕조실록』처럼 장기간 기록하지 않았고, 또 중국이나 일본은 손으로 쓴 필사본이었지, 조선처럼 실록을 인쇄본으로 만들지 않았습니다. 따라서 질이나 양적인 면에서 다른 나라 실록은 『조선왕조실록』을 따라올 수가 없습니다.

『조선왕조실록』은 어디에 보관했나?

조선왕조는 실록을 편찬하면 모두 4부를 인쇄하여 4대 사고에 보관하

조선시대 당시 정족산사고(출처: 조선고적도보)

1998년 복원된 정족산사고

였습니다. '사고(史庫)'는 실록을 보관하는 집으로 서울의 춘추관과 충주·성주·전주에 있었습니다.

그런데 임진왜란 때 왜적의 침입으로 전주사고만 남고 세 곳이 모두 불에 타 버렸습니다. 전주사고도 위험했는데, 전북 정읍에 살던 늙은 유생 안의와 손홍록 등이 전주사고에 있던 실록을 전주에서 약 30킬로미터 떨어진 내장산의 깊은 동굴로 옮겨 두었습니다. 이들은『조선왕조실록』805권을 쉰여섯 개의 궤짝에 나눠 담고 말에 실어 64궤짝이나 되는 엄청난 양의 실록을 옮기고 나서 1년간 그곳에서 머물며 실록을 지켰습니다. 그들의 눈물겨운 노력 덕에 지금의『조선왕조실록』이 존재하는 것입니다.

그 후 임진왜란이 끝난 뒤 조선 정부는 전주사고본을 이용하여 다시 4부씩 인쇄하여 이번에는 산속 깊숙이 사고를 만들어 전쟁이나 화재의 위험으로부터 막으려 했습니다. 이때 만들어진 사고가 춘추관·묘향산·태백산·오대산·마니산 사고입니다. 마니산사고는 조금 있다가 정족산으로 옮겼고, 묘향산사고도 전라북도 무주에 있는 적상산으로 옮겼습니다. 따라서 '5대 사고'는 춘추관·태백산·오대산·정족산·적상산 사고를 말합니다.

조선시대 당시 태백산사고
(출처: 조선고적도보)

현재 오대산사고
(소재지: 강원도 평창군 진부면 동산리, 사적 제37호)

현재는 어디서 『조선왕조실록』을 보관하고 있나?

춘추관사고본은 17세기 전반에 화재를 당해 없어져 버렸습니다. 오대산사고본은 일제강점기 때 일본이 가져가서 동경제국대학에 보관하였습니다. 그러나 1923년에 일어난 관동 대지진 때 불에 타 버려 현재는 일부만 남아 있습니다. 적상산사고본은 6·25 전쟁 때 북한으로 넘어가서 현재 김일성종합대학에서 보관하고 있습니다. 태백산사고본은 현재 국가기록원 부산

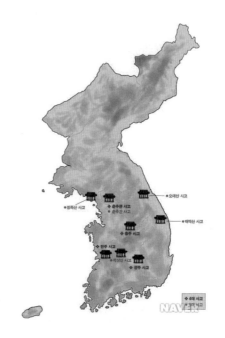

조선시대 4대 사고, 5대 사고(출처: 네이버)

지원에 보관되어 있고, 정족산사고본은 서울대학교 내에 있는 규장각한국학연구원에 소장되어 있습니다.

기록유산명	조선왕조실록
세계기록유산 등재	1997년
만들어진 시기	조선시대
우리나라 문화재 지정 번호	국보 제151호
소장 위치	서울대학교 규장각 한국학연구원, 행정안전부 국가기록원 역사기록관(부산)
홈페이지	http://sillok.history.go.kr/ http://archives.go.kr/

국가기록원 역사기록관(출처: 국토정보지도원)

서울대학교 규장각 한국학연구원(출처: 국토정보지도원)

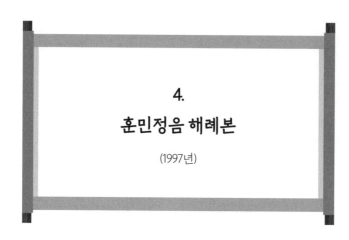

4.
훈민정음 해례본

(1997년)

인체 모양을 본떠 만들었다고?

세종대왕은 조선왕조 제4대(재위 1418~1450) 왕으로, 인재를 고르게 등용하여 이상적 유교정치를 구현하였습니다. 훈민정음을 창제하고 측우기 등의 과학 기구를 제작하여 백성들의 생활에 실질적으로 도움이 되는 문화정책을 추진하였습니다.

세종대왕은 백성들이 말은 할 수 있어도 글을 알지 못하는 것을 안타깝게 여겨서 세종 25년(1443년 12월)에 우리의 고유문자이며 표음문자인 한글을 만들고, 28년(1446년 9월)에 '훈민정음'을 반포하였습니다.

"우리나라 말이 중국과 달라 말과 글이 서로 맞지 않아,

어리석은 백성이 말하고자 하는 것이 있어도

그러지 못하는 사람이 많구나.

내(세종대왕)가 이를 안쓰럽게 여겨

새로 스물여덟 글자를 만들었으니

모든 사람이 이것을 쉽게 익혀 편하게 사용했으면 하노라."

양면 인쇄로 모두 33장이며, 본문 4장과 집현전 학자들(성삼문, 신숙주, 정인지 등)이 쓴 해례(창제 원리를 풀어씀) 29장으로 구성돼 있습니다. 책의 크기는 가로 20㎝, 세로 32.2㎝입니다.

훈민정음 해례본(출처: 간송미술관)

세종대왕이 남긴 훈민정음,
정말 자랑스러운 우리 문화유산!

훈민정음은 크게 예의(例儀)와 해례(解例)로 나누어져 있습니다. 예의는 세종이 직접 지은 글로 한글을 만든 이유와 한글의 사용법을 간략하게 설명하였습니다. 해례는 집현전 학사들이 한글의 자음과 모음을 만든 원리와 용례를 상세하게 설명한 글입니다.

만든 목적이 분명하고 만든 사람과 만든 시기가 분명한 글자는 한글이 세계적으로 유일합니다. 훈민정음, 곧 한글은 28자로 된 알파벳으로 오늘날 4자는 안 쓰이고 24자만 쓰이는데, 한국어를 완벽하게 표기할 수 있을 뿐 아니라 배우기와 사용하기에도 편리한 문자체계입니다. 문자체계 자체로도 독창적이며 과학적이라고 인정되고 있어 그 의의가 크다 할 것입니다.

『훈민정음 해례본』에는 훈민정음의 창제 원리가 상세히 쓰여 있습니다. 우선 사람의 발음기관 모양을 본떠 만든 자음 5자(ㄱ, ㄴ, ㅁ, ㅅ, ㅇ)를 기본으로 17개의 자음을 만들었다는 내용이 나옵니다. 또 천지인(天地人)을 뜻하는 '·, ㅡ, ㅣ'을 기본으로 모음 11개를 만들었습니다. '·'는 하늘(天)의 모습을, 'ㅡ'는 땅(地)의 모습을 각각 본떴으며 'ㅣ'는 하늘과 땅 사이에 서 있는 사람의 모습을 형상화하였습니다.

훈민정음 해례본(출처: 간송미술관)

훈민정음 창제와 반포에 대해 당시에는 많은 반대가 있었지만 세종은 한글로 된 최초의 노래인 '용비어천가'를 짓는 등 한글의 사용을 적극 권장하고 활용하도록 하였습니다.

한글이 점차 보급되면서 서민들은 생각과 뜻을 글로 적을 수 있게 되었고, 이로 인해 민원 해소, 농업기술의 전수, 친지 간 편지 왕래 등 일상생활에서 한글이 활용되었으며 서민들의 생활 개선과 의식 성장을 가져왔습니다.

세종대왕이 훈민정음을 만들었을 땐 자음과 모음이 총 28자였지만, 오늘날에는 자음 3자와 모음 1자(·)가 소멸해 총 24자입니다. 1946년 우리

정부는 훈민정음 반포일을 양력으로 환산한 날짜인 10월 9일을 한글날로 지정하였습니다.

중국 최초의 나라인 조(趙)에 이어 우리가 독립적으로 만든 글이라는 엄청난 가치를 인정받아 1962년 12월 『훈민정음 해례본』은 국보 제70호로 지정되어 있으며 1997년 10월 한국에서 『조선왕조실록』과 함께 최초로 세계 유네스코 기록유산에 등재되었습니다.

1만 원으로 구입했다고?

훈민정음은 현재 간송미술관에서 보관하고 있습니다. 『훈민정음 해례본』은 1504년경에 소실되었다가 1940년 경북 안동 어느 마을에서 발견되었습니다.

간송 전형필(1906~1962) 선생은 안동에 『훈민정음 해례본』이 있다는 사실을 알게 된 후 1만 원이라는 엄청난 돈을 내고 『훈민정음 해례본』을 구입하였습니다. 당시 1만 원은 고급 기와집 10채를 살 수 있는 돈이었는데 당시 『훈민정음 해례본』의 소유주는 1천 원을 불렀지만 그 10배를 지불하였습니다.

간송 전형필(출처: 간송미술관)

간송 선생님은 엄청난 대가를 치르고 노력하여『훈민정음 해례본』을 보존하다가 해방 후 조선어학회 학자들을 불러 세상에 공개하였습니다. 이로써 한글이 인체의 발음기관을 상형화한 사실을 명확하게 밝혀낼 수 있었습니다.

국내에서 유일한 귀중본이 500년 만에 발견되어 한글 창제에 대한 많은 수수께끼가 풀리게 되었습니다.

간송미술관은 우리나라 최초의 근대식 사립박물관으로 '서울특별시 성북구 성북도 97-1'에 위치해 있습니다.

일제의 민족말살 정책 중 가장 집요하고 악랄했던 것은 우리말과 글에 대한 탄압이었습니다. 우리가 부르고 있는 한글은, 국어학자 주시경 선생님이 붙여 주신 이름으로 '동방의 큰 글', '세계에서 제일가는 으뜸 글'이라는 뜻을 담고 있습니다.

기록유산명	훈민정음 해례본
세계기록유산 등재	1997년
만들어진 시기	조선 초기(1446년)
우리나라 문화재 지정 번호	국보 제70호
소장 위치	간송미술관
홈페이지	http://www.kansong.org/

간송미술관(출처: 국토정보지리원)

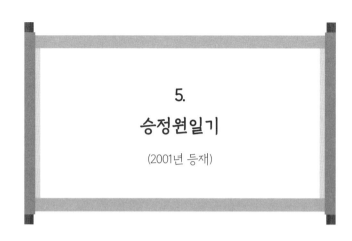

5.
승정원일기

(2001년 등재)

조선시대 왕들의 생활 기록······ 총 3,243책 남아
국왕의 비서실에서 만들었다고?

승정원은 조선의 3대 임금 태종 때 만들어진 왕의 비서 기관입니다. 현재로 치면 청와대 비서실이라고 할 수 있습니다. 승정원에서는 왕을 보좌하면서 날마다 일기를 썼는데, 왕의 하루 일과와 지시 내용, 각 부처에서 보고한 내용, 신하들이 올린 상소문 등이 실려 있습니다.

조선시대 역사를 연구하는 기본 자료인 『조선왕조실록』도 이 일기를 참조하여 썼을 정도로 조선시대를 연구하는 데 핵심적인 자료입니다. 특히

『승정원일기』는 원본이 하나밖에 없어서 그 가치가 매우 큽니다.

『승정원일기』가 세계기록유산으로 등재된 이유는 무엇일까?

『승정원일기』는 3,243책에 2억
4천 250만 글자로 기록된, 단일
기록으로는 세계에서 가장 방대
한 역사 기록물입니다.

특히 이 책은 왕의 최측근이라
할 수 있는 비서들이 왕의 일거수
일투족을 지켜보면서 기록한 기
록물이기에 이 책을 통해서 동양

승정원일기(출처: 규장각한국학연구원)

군주 사회의 정치 및 정책 입안 과정과 권력 구조를 알 수 있습니다.

여기에 17세기 초부터 20세기 초까지 288년간 매일의 기상 정보를 담
고 있어서 당시의 기후와 기상 상태도 파악할 수 있습니다.

그래서 유네스코는 이 책을 세계기록유산으로 등재하였습니다.

그럼 『승정원일기』는 무엇인가?

『승정원일기』는 왕의 비서 기관인 승정원에서 날마다 쓴 일기를 모아 놓은 책입니다. 항상 날짜와 날씨를 먼저 쓰고 승정원 관리들의 이름과 출근 상황을 표시한 뒤에 임금의 하루 일과를 장소와 시간대별로 기록하였습니다.

일기를 쓴 사람은 반드시 자신의 이름을 일기 안에 써넣었는데, 이는 책임감을 가지고 일기를 쓰게 하기 위함입니다.

날마다 쓴 일기는 한 달분씩 모아 책으로 엮었는데, 뒤로 가면서는 기록할 내용이 많아져서 한 달 일기를 두 권으로 묶는 경우도 종종 있었습니다.

승정원일기(출처: 규장각한국학연구원)

승정원에는 어떤 관리들이 근무했나?

승정원의 최고 책임자는 도승
지였습니다. 현재 우리나라 행
정 조직 체제로 보면 청와대 비
서실장에 해당합니다. 사극을
보면 임금이 "도승지는 들라!"고
말하는 장면이 나오는데 이는 임
금의 비서를 부르는 것입니다.

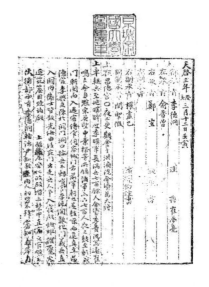

이외에 임금의 비서들인 다섯
명의 승지가 있었는데 이들은
모두 정삼품 당상관으로 조선

승정원일기 원본이미지(출처: 규장각한국학연구원)

정부의 최고위직 관리들입니다. 승지 외에도 승정원에는 주서가 두 명 있
었는데, 이들이 『승정원일기』를 쓴 주인공들입니다. 또한 각종 행정 업무
를 담당하는 일반 관리들이 있었습니다.

현재 있는 『승정원일기』는 언제 것인가?

『승정원일기』는 조선 건국 이후 계속 작성되었습니다. 그러나 조선 전기에 쓴 것들은 임진왜란 때 왜군의 침범 속에 불타 없어져 버렸습니다. 현재 남아 있는 『승정원일기』는 인조가 임금이 된 1623년부터 조선의 마지막 임금인 순종이 일제에 의해 물러나는 1910년까지 288년(10만 5천여 일) 동안 쓴 것으로, 3,243권의 책으로 남아 있습니다.

한편 승정원은 조선 말기인 1894년부터 조선이 망하는 1910년 사이에 이름이 여러 번 변경되었습니다. 따라서 『승정원일기』 또한 승정원의 명칭 변경에 따라 승선원일기·궁내부일기·비서감일기·비서원일기·규장각일기라고 해야 하지만 이들 모두를 통틀어 『승정원일기』라고 하고 있습니다.

『승정원일기』는 현재 어디에 보관하고 있나?

『승정원일기』 원본은 현재 서울대학교 규장각한국학연구소에서 보관하고 있습니다.

대부분 흘림체인 '초서(草書)'로 쓰였는데 이 초서를 우리글처럼 읽을 수 있는 사람은 100명도 채 되지 않습니다. 국사편찬위원회는 1960년부터 17년 동안 60여 명의 전문가를 위촉하여 초서로 기록된 『승정원일기』를 정자체인 '해서(楷書)'로 바꾸는 '탈초' 작업을 진행하였습니다.

한국고전번역원에서는 1984년부터 『승정원일기』를 번역하여 약 20%를 번역하였습니다.

기록유산명	승정원일기
세계기록유산 등재	2001년
만들어진 시기	조선시대
우리나라 문화재 지정 번호	국보 제303호
소장 위치	서울대학교 규장각 한국학연구원
홈페이지	http://sjw.history.go.kr

서울대학교 규장각한국학연구원(출처: 국토정보지도원)

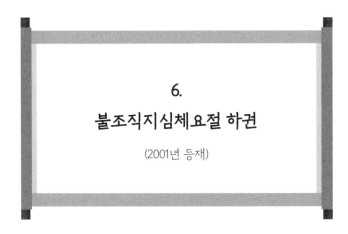

6.
불조직지심체요절 하권

(2001년 등재)

승려들의 교과서라고?

프랑스에 보관 중인 『불조직지심체요절(직지)』은 2018년 국내 임시 전시가 추진되었지만 전시 후 프랑스로 반납을 하지 않을 것을 우려해 전시가 무산되었습니다. 직지를 우리 국민들이 직접 확인할 수 있었는데 매우 안타까운 일이었습니다.

대신 2019년 서원대학교가 청주시와 함께 '직지의 글로벌 브랜드 향상과 세계기록유산 콘텐츠 개발'을 추진하여 직지 브랜드를 널리 알리고 직지를 테마로 하는 글로벌 관광을 활성화시키겠다는 소식은 직지가 금속활자로 찍은 최초본이라는 중요성을 알리는 굉장히 즐거운 일입니다.

외규장각의 어람 의궤가 프랑스에서 영구대여 형식으로 한국에 들어온
지 꽤 되었지만 동시에 논의가 진행되었던 『직지심체요절』에 대해서는 최
근에야 다시 이야기하고 있습니다.

청주 흥덕사지(소재지: 충북 청주시 운천동, 사적 제315호)

『직지심체요절』은 불교를 통치 이념으로 삼았던 고려시대에 제작되었
습니다. 여주 취암사에 머물던 백운화상이란 승려가 부처님과 여러 고승
들이 이야기한 법문과 게송(부처님의 공덕을 기린 노래) 가운데 좋은 부
분을 뽑아 『백운화상초록불조직지심체요절』이란 책을 썼습니다. 75세의
백운화상은 금속활자로 인쇄된 책을 보지 못하고 1374년 여주 취암사에

서 세상을 떠났습니다. 『직지심체요절』은 3년 뒤 백운화상의 제자인 석찬과 달담이 스승의 가르침을 널리 알리기 위해 고려시대 말 1377년(우왕 3년)에 청주 흥덕사에서 발간하였습니다. 당시 책을 제작하는 데 필요한 돈은 비구니(여자 승려)인 묘덕이 시주를 했다고 전해집니다.

『백운화상초록불조직지심체요절』이란 긴 제목을 가진 이 책의 주요 내용은 '직지심체'라는 단어에 함축되어 있습니다. 직지심체란 '참선하여 사람의 마음을 바르게 볼 때, 그 마음의 본성이 곧 부처님의 마음이라는 것을 깨닫게 된다'라는 뜻입니다. 『직지심체요절』은 승려들이 수행과 공부를 하는 데 학습서로 사용되었습니다. 한국과 인도, 중국의 승려 145명의 작품에서 뽑은 운문, 노래, 찬가, 경전, 서신, 시 형식의 불교 문헌이 담겨 있

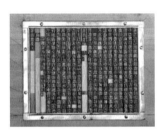

직지 조판과 인출(출처: 고인쇄박물관)

직지(출처: 고인쇄박물관)

습니다. 백운화상은 불교가 국교인 고려가 말기에 이르러 갈수록 세속주의에 물들어 점점 타락해 가는 모습을 안타까워했기 때문에 이런 세태를 바로잡고자 애쓰며 만든 것입니다. 학생들이 학교에서 배우는 교과서와 같은 용도로 사용된 중요한 책이었던 것입니다.

『직지심체요절』은 두 종류가 있습니다. 하나는 목판으로 인쇄한 목판본이고, 다른 하나는 금속활자로 인쇄한 금속활자본입니다. 유네스코 세계기록유산으로 등재된 것은 금속활자본입니다.

『직지심체요절』은 원래 39장인데 제1장은 사라져 현재는 38장만 전해지며 본래 상, 하 2권으로 인쇄됐으나 상권은 아직껏 발견되지 못했고 남아 있는 하권은 130여 년 전 프랑스로 흘러들어 갔습니다.

딱 한 부만 남았는데 보통 책을 만들 때는 수십 부 혹은 수백 부씩 인쇄하는 것이 일반적이지만, 『직지심체요절』이 몇 부나 인쇄되었고 얼마나 남아 있는지 확인된 자료가 없습니다. 『직지심체요절』이 두 권으로 구성되어 있다는 것은 우리나라에 보관되어 있는 목판본 책자를 통해서 확인되고 있습니다.

1972년 하권이 발견되기 전까지는 독일의 구텐베르크가 1455년에 제작한 '성서(聖書)' 42행이 세계에서 가장 오래된 금속활자본으로 알려졌습니다.

하지만 『직지심체요절』에는 인쇄된 장소와 날짜, 판본을 제작할 때 애를 쓴 스님들과 필요한 비용을 시주한 여승의 이름까지 적혀 있습니다. 백운화상이 머물렀던 곳은 여주 취암사였지만 『직지심체요절』 하권 마지

금속활자를 찍어내는 조판(출처: 고인쇄박물관)

막 장에 '1377년 7월 청주 흥덕사에서 금속활자로 인쇄했다'는 글자가 찍혀 있습니다. 『직지심체요절』이 언제 어느 곳에서 어떤 방법으로 인쇄되었는지를 명확하게 알려 주고 있습니다.

『직지심체요절』은 독일 구텐베르크의『구텐베르크 성서』보다 78년이나 앞서 만들어진 것입니다.

기록상으로는 고려 인종 1234년에 이미 금속활자를 이용해『상정고금예문』이라는 책을 찍었다고는 하지만 아직 실물이 발견되지는 않았습니다.

한편, 우리나라는 현존하는 세계 최고(最古)의 목판 인쇄물인 국보 126호 『무구정광대다라니경』도 소장하고 있습니다. 이 책은 1966년 가을에 불국사 석가탑에서 발견한 불교 경전입니다. 인쇄 문화에서만큼은 우리나라가 수천 년 동안 세계 최강의 선진국이었던 것은 틀림없는 일입니다.

구한말까지 우리나라에 있던 『직지심체요절』은 지금 프랑스 국립도서관에 소장되어 있습니다. 격변기였던 구한말 우리나라는 일본, 중국, 미국, 러시아, 프랑스와 외교 관계를 맺고 있었습니다. 당시 프랑스를 대표하여 우리나라에 있던 외교관은 콜랭 드 플랑시 대리공사였습니다. 동양 문화에 관심이 많았던 콜랭 드 플랑시는 우리나라의 책과 미술품 등을 사들였습니다. 특히 다양한 종류의 서적을 많이 구입했지요. 임기를 마친 콜랭 드 플랑시는 수집품을 프랑스로 가져갔는데 그 속에 『직지심체요절』이 있었답니다. 콜랭 드 플랑시가 가져간 『직지심체요절』은 1911년 고서 경매장을 통해서 보석상이자 골동품 수집가인 앙리 베베르에게 팔렸습니다.

앙리 베베르는 세상을 떠나면서 『직지심체요절』을 프랑스 국립도서관에 기증하였습니다. 프랑스 국립도서관의 중국과 일본 책 속에 파묻혀 있던 『직지심체요절』은 프랑스 국립도서관에서 연구원으로 일하던 박병선 박사에 의하여 세상에 모습을 드러내게 되었습니다.

우리 문화를 살린 위대한 한국인이 있었다고?

『직지심체요절』을 찾아낸 박
병선 박사는 1928년 서울에서
태어났습니다. 그는 1967년부
터 1980년까지 파리에 있는 프
랑스 국립도서관에서 연구원으
로 일했습니다. 유네스코가 지
정한 '세계 도서의 해'에 전시할
책을 고르기 위하여 서고를 뒤
지다가 『직지심체요절』을 발견
했다고 합니다.

박병선 박사(출처: 국가기록원)

박병선 박사 여권(출처: 대한민국 역사박물관)

박병선 박사가 발견한 『직지
심체요절』 하권은 세상에 유일
하게 남아 있는 하권이었습니다. 박병선 박사는 책을 살펴보던 중 마지막
장에 '1377년 청주 흥덕사에서 금속활자로 인쇄된 책'이라는 내용을 발견
했고, 1972년 드디어 『직지심체요절』이 세상에 모습을 드러냈습니다. 정
확한 연대와 인쇄 장소, 금속활자 인쇄본이란 사실을 증명하는 기록이 책
에 남아 있음에도 불구하고 유럽 사람들은 이를 믿으려 하지 않았습니다.
금속활자 인쇄만큼은 동양이 아닌 서양에서 시작되었다고 믿고 싶었기 때문이지요.

독일에서 인쇄술을 발명한 것으로 알려진 구텐베르크는 독일 라인 강변에 위치한 도시 마인츠에서 태어나 독일과 프랑스 국경 지역에 있는 스트라스부르라는 도시에서 활동했습니다. 현재 프랑스 땅인 이곳은 옛날에는 독일 영토였습니다. 그래서 독일과 프랑스는『직지심체요절』이 세계에서 가장 오래된 금속활자본이란 사실을 쉽게 인정하지 않았습니다. 그러나 박병선 박사의 끈질긴 연구와 자료 수집 끝에 2001년 9월,『직지심체요절』은 유네스코 세계기록유산으로 등재되었습니다.『직지심체요절』이 세계에서 가장 오래된 금속활자를 이용한 인쇄물이라는 사실을 전 세계가 인정한 것입니다.

고려의 금속활자와 구텐베르크의 금속활자, 차이점은 무엇일까?

『직지심체요절』을 인쇄한 고려의 금속활자는 밀랍(양초의 주원료로 평상시에는 고체로 되어 있다가 열을 가하면 쉽게 녹는 물질)에 글자를 새긴 후 주물토로 감싼 후에 열을 가해 밀랍을 녹입니다. 그러면 밀랍이 녹아 나가며 주물토에 글자 모양의 공간이 생깁니다. 이곳에 쇳물을 부어 굳힌 다음에 주물토를 떼어 내면 활자가 완성됩니다.

그런데 문제는 이러한 활자 제조법으로는 다양한 서적을 인쇄할 수가 없었습니다. 그 이유는 기존 거푸집을 재활용할 수 없어서 책을 만들 때마다 활자 제조를 다시 해야 합니다. 설혹 기존에 만들어 놓은 활자를 재사용한다 하더라도 그것은 아주 미미한 양에 불과합니다. 모든 한자를 한꺼번에 금속활자로 만들어 놓을 수는 없었습니다. 결국 고려의 금속활자 기술이 대중화되지 못한 이유는 이러한 단점 때문입니다.

기록유산명	불조직지심체요절 하권
세계기록유산 등재	2001년
만들어진 시기	고려 후기(1377년)
우리나라 문화재 지정 번호	-
소장 위치	프랑스 국립 도서관
홈페이지	http://www.jikjiworld.net

프랑스 국립도서관(출처: 구글지도)

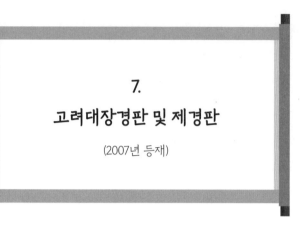

7.
고려대장경판 및 제경판

(2007년 등재)

목판 8만 1,258개에 새겨진 불경······ 5200만 자 달해
대장경은 무엇이냐고?

가야산 기슭에 자리한 고찰 해인사에는 세상에서 가장 뛰어난 불교 대장경인 팔만대장경(고려대장경) 경판이 보관되어 있습니다.

해인사는 유네스코 문화유산과 기록유산을 모두 갖고 있는 곳입니다. 장경판전이 세계문화유산으로, 그 안에 보관되어 있는 팔만대장경 경판이 세계기록유산으로 등록되어 있습니다.

대장경이란 불교와 관련된 경전을 집대성한 것을 부르는 말입니다. 즉, 석가모니가 일생동안 이야기한 설교와 계율, 논설과 후대 사람들의 이론까지 한데 모은 것을 말합니다.

최초의 대장경은 157년 인도에서 처음 만들어졌습니다. 당시의 대장경은 나뭇잎, 나무, 대나무, 비단 등에 적은 것이었지요. 이후 대장경은 중국에 전해지면서 종이에 기록되기 시작했습니다. 목판 인쇄술이 발명되자 나무에 새긴 대장경 경판이 만들어졌고, 최초로 만들어진 목판 대장경이 '북송칙판대장경'입니다.

왕실과 백성이 함께 힘을 모아 만든 예술품이라고?

북송칙판대장경에 이어 세계에서 두 번째로 만들어진 목판 대장경이자 우리나라 최초의 대장경은 '초조대장경'이라고 합니다.

1011년에 처음 제작을 시작해 1087년에 완성한 대장경인데 1232년, 몽고 군대의 침략 때문에 소실되었습니다.

해인사에 보관되어 있는 대장경은 이후에 다시 만들어진 두 번째로 만든 대장경이란 의미로 '고려 재조대장경'으로 불리기도 합니다.

합천해인사 장경판전(출처: 합천해인사 홈페이지)

해인사 대장경판은 몽고군의 침략으로 고려 왕이 도읍지였던 개경을 떠나 강화도에서 머무는 시기에 제작되었습니다. 불교를 숭배하던 고려 왕실과 백성들은 군사력만으로는 몽고를 상대로 전쟁을 치르는 것이 불가능하다고 생각하였습니다. 그래서 부처님의 힘을 빌려 몽고군을 물리

칠 생각을 갖게 되었고, 그 염원을 담아 대장경을 만들게 되었습니다.

　강화도에서 1236년부터 1251년까지 약 16년 동안 제작 후 완성되어 1398년에 해인사로 옮겼습니다. 고려시대에 제작되었기 때문에 '고려대장경'이라고 합니다. 나무로 만들어진 경판 수가 8만 개가 넘기 때문에 '팔만대장경'이라고도 부릅니다.

　고려대장경에는 중생의 번뇌에 대처하는 8만 4,000여 개의 법문이 수록되어 있습니다. 글자 수는 5200여만 자에 달합니다. 750년 전 고려인들은 외침으로 고통받던 시기에도 함께 힘을 모아 위대한 문화유산을 만들어 후손들에게 물려준 것입니다.

　고려의 목판 인쇄술이 발달하지 못했거나 불경에 대한 깊이 있는 연구가 이뤄지지 않았더라면 만들어지지 못했을 찬란한 유산입니다. '고려대장경판 및 제경판'은 '조선왕조『의궤』'와 더불어 2007년 세계기록유산에 등재되었습니다.

최고의 불교 경전이라고?

　팔만대장경은 현재 남아 있는 불교 경판 가운데 최고로 꼽히고 있습니다. 가장 오래되었을 뿐만 아니라, 내용의 완벽함에서 높은 평가를 받고 있습니다. 불교가 발생한 인도에서 전해지던 산스크리트어로 된 불경을 한자로 번역하였고, 당시 불교가 번성했던 중앙아시아, 동남아시아, 중국의 여러 경전과 계율, 이론서, 불교 자료를 집대성하였습니다.

목판으로 만들어진 팔만대장경판(출처: 합천해인사 홈페이지)

팔만대장경은 놀라운 기록들을 많이 갖고 있습니다. 많은 기록 중 하나가 잘못 조각된 글자를 찾아볼 수 없으며 그 내용이 정확합니다.

약 5200여만 자에 달하는 글자가 완벽하게 조각되었다는 것을 여러분은 상상이나 할 수 있나요? 방대한 양에도 불구하고 잘못된 글자가 없고 내용이 정확한 것은 이전에 제작된 여러 경전을 철저하게 분석하고 정리하여 제작했기 때문입니다.

팔만대장경은 남아 있는 목판 가운데 가장 오래되었는데도 불구하고 지금도 인쇄가 가능한 유일한 목판이기도 합니다.

팔만대장경에는 부처님의 말씀 외에도 많은 것이 담겨 있습니다. 부처님의 제자와 승려, 그를 기리는 학자들이 석가모니의 설법과 경전을 쉽게 설명한 해설 부분과 부처가 주장한 다른 이론까지 수록되어 있습니다.

국제적인 표준의 대장경이라고?

팔만대장경의 규모는 상상을 초월할 정도입니다. 장경판전에 보관되어 있는 8만 1,258개의 경판을 차곡차곡 쌓아 올리면 높이가 3,200m가 넘습니다. 경전의 종류만도 1,500여 종에 달하고, 경판으로 찍어 만든 책도 6,800여 권이나 됩니다.

경판의 수가 엄청난 까닭에 경판을 정확히 분류하여 관리하는 것이 무엇보다 중요했습니다. 만약 경판의 위치가 정확하지 않다면 필요한 경판을 찾을 수가 없어 매우 곤란했을 것입니다. 그래서 경판을 관리하는 승려들은 「금강경」, 「화엄경」, 「대반야경」 등과 같이 불경의 종류로 경판을 분류하여 관리했어요. 그리고 각 불경마다 천자문의 글자 순서에 따라 다시 분류하였습니다. 예를 들면 「금강경」의 경우 맨 앞쪽 경판을 금강경 천(天)으로, 두 번째는 금강경 지(地), 세 번째는 금강경 현(玄)으로 분류하였습니다. 글을 아는 사람이라면 누구나 빠르게 찾을 수 있었습니다.

완벽에 가까운 경전 내용과 체계적인 분류 방법 덕분에 팔만대장경은 훗날 여러 나라에서 경전의 표본으로 활용되었습니다. 완벽한 대장경을 제작하는 데는 개태사 승려였던 수기(守其) 법사의 공이 컸습니다. 수기 법사는 최초의 대장경을 기준으로 송나라 대장경과 거란 대장경을 비교하여 잘못된 글자와 경전 이름, 권수 등을 모두 밝혀 기록으로 남겨 놓았습니다. 그 책이 30권에 이르는 『고려국신조대장경교정별록』으로, 완벽한 팔만대장경을 제작하는 데 결정적인 자료가 되었답니다.

문화와 생활상을 엿볼 수 있는 기록이라고?

팔만대장경은 고려시대의 전반적인 사회상을 알 수 있는 기록이기도 합니다. 앞에서도 이야기한 것처럼 팔만대장경에는 승려와 학자들의 해설과 주장이 수록되어 있습니다. 이 속에 고려시대의 사회, 문화, 정치와 사람들의 삶의 모습이 담겨 있답니다. 중국과 동북아시아 지역의 문화와 정치, 사상 등도 담겨 있어 당시 사회상을 보여 주는 거울과 같습니다. 그

리고 팔만대장경에는 어느 경전에서도 찾아볼 수 없는 『법원주림』, 『일체
경음의』, 『내전수함음소』 등의 불교 서적 내용이 유일하게 수록되어 있습
니다.

해인사는 11세기 이후 오늘날까지 불교문화를 이끌고 있는 역사가 오
래된 절입니다. 현재 해인사에는 팔만대장경 외에도 고승들의 문집과 계
율판, 불교 판화 등 다양한 기록유산들이 보존되어 있습니다. 팔만대장경
을 제외하고도 5,987판이나 보존되어 있는 경판들은 우리 선조들이 얼마
나 기록을 중시했는지 잘 보여 줍니다.

팔만대장경은 어떻게 만들었을까?

먼저 지리산에서 벌목한 자작나무, 산벚나무 등을 바닷길을 따라서 강
화도까지 운반합니다. 그리고 3년 동안 바닷물에 담근 다음 그늘에서 말
려 큰 가마솥에 넣어 다시 쪄서 말린 후 옻칠을 하여 판목을 만듭니다. 이
렇게 만들어진 판목을 세로 8치, 가로 2자, 두께 1치 2~3푼으로 자르고 양
쪽 끝에는 뒤틀리지 않게 각목을 붙인 후, 네 귀는 구리로 장식하였습니
다. 전국 각지에서 선발된 목수와 서예가, 불교인들이 이 작업을 담당했
는데, 경판의 1면에 23행, 1행은 14자로 판목 양면에 글자를 새겼습니다.

팔만대장경은 어떻게 보관하고 있을까?

팔만대장경을 보관한 해인사 장경판전은 1995년 세계문화유산으로 등재되었습니다. 그 까닭은 온도계나 습도계조차 없던 옛날에 대장경판이 하나도 훼손되지 않고 오랜 세월을 견디도록 과학적으로 설계된 덕분입니다.

(출처: 합천해인사 홈페이지)	(출처: 합천해인사 홈페이지)
• 바람이 잘 통하는 곳에 보관한다. • 문 아래 위쪽에 통풍이 되도록 만들어진 창살이 빛의 각도, 바람, 습도를 조절한다.	• 아래쪽의 공간이 약간 떨어져 있다. • 바닥과 공간을 두어 습도를 조절하고, 해충의 피해를 줄인다.

십수 년 전에 화재 위험 등 여러 가지 이유로 장경판전 이전 문제가 논란이 된 적이 있었는데 그때 외국의 한 문화재 전문가가 장경판전을 찾아 오랫동안 관찰한 결과 아주 과학적으로 지어진 최고의 건축물이라는 사실을 알아냈습니다.

장경판전은 건물의 방향이 정남향에서 서쪽으로 약간 틀어 너무 강한 볕이 들지 않게 했으며, 지붕 처마의 길이도 햇볕의 길이를 정확하게 따져 지어졌습니다. 건물의 앞뒤와 위아래 창의 크기를 달리해 바람이 건물 안을 고루 돌아나가게 했습니다. 또한 잘 썩지 않는 산벚나무를 3년 정도 바닷물에 담그고 그늘에서 말려 나무가 뒤틀리는 것을 방지했습니다. 숯과 소금, 모래와 횟가루가 섞인 바닥은 비가 많이 내리는 장마철에 습기를 빨아들이는 역할을 하였습니다. 따라서 어떤 일이 있어도 보관 장소를 옮기면 안 된다고 주장했다고 합니다. 우리 선조의 지혜가 그저 놀랍기만 합니다.

기록유산명	고려대장경판	제경판
세계기록유산 등재	2007년	2007년
만들어진 시기	고려시대	고려~조선
우리나라 문화재 지정 번호	국보 제32호	국보 제206호
소장 위치	경상남도 합천군 해인사 경내 장경판	
홈페이지	http://www.haeinsa.or.kr	

해인사(출처: 국토정보지도원)

팔만대장경을 지켜낸 영웅이야기

6·25 전쟁 당시, 소중한 우리의 세계기록유산과 세계문화유산인 팔만대장경과 장경판전이 불에 타 사라질 뻔했습니다. 1951년 8월, 공군 제10전투 비행편대장 김영환 장군(당시 대령, 1954년 비행기 추락 순직)은 "지리산 토벌대에 쫓기는 빨치산 900여 명을 향해 폭격하라"는 명령을 받았습니다. 하지만 폭격 명령 지점이 천 년 사찰인 해인사인 것을 알고는 비행기 기수를 돌렸습니다.

명령 불복종 행위로 호출당한 김 장군은 "영국인들은 셰익스피어와 인도를 바꿀 수 없다고 하는데 팔만대장경은 그 두 개를 합해도 바꿀 수 없는 보물이다. 전쟁으로 이것을 불태울 수는 없었다"라고 말했답니다.

해인사 입구에는 그를 기리는 기념비 문구가 있습니다. 기념비에는 '여기 화살같이 흐르는 짧은 생애에 불멸의 위업을 남기고 영원히 살아남은 영웅이 있다'고 적혀 있습니다. 정부는 김영환 장군의 공을 기리며 2010년에 금관문화훈장을 수여했습니다. 소중한 유산을 지켜낸 훌륭한 군인입니다.

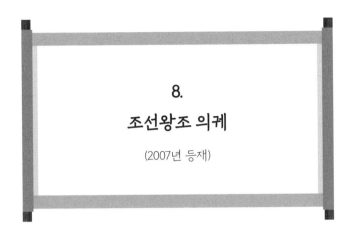

8.
조선왕조 의궤
(2007년 등재)

정조대왕 능행차 본 적 있어?

매년 서울과 수원 일대에서는 조선 제22대 임금인 정조대왕의 능행차 재연 행진을 합니다. 정조대왕의 능행차는 서울 창덕궁~수원 화성~화성 융릉에 이르는 59.2㎞에 걸쳐 펼쳐집니다.

이 능행차 재연 행사에는 690마리의 말과 함께 약 4,000여 명에 달하는 사람들이 참여합니다. 행렬의 너비만 10~30m에 달하고 총길이는 1~1.5㎞에 달합니다.

정조대왕능행차 장면

정조대왕능행차 장면, 배다리 건너는 장면

조선시대와 똑같이 배다리를 설치해 한강을 건넜으며, 능행차에 참여했던 사람들은 시흥 행궁(정식 궁궐이 아닌 임금님의 임시 숙소)에서 하루를 묵었습니다. 규모도 크고 경비가 매우 많이 드는 굉장한 행사입니다.

그런데 조선시대에 했던 행사를 어떻게 오늘날 똑같이 재연할 수 있는지 궁금하지 않나요? 바로 '원행을묘정리의궤(園行乙卯整理儀軌)'라는 기록물에 당시 행사의 내용이 자세히 기록돼 있기 때문입니다.

조선왕조『의궤』는 '의례 행사'와 '궤범(어떤 일을 하는 데 본보기가 되는 기준)'을 합친 말로 왕실이나 국가가 치르는 중요 행사에 관한 일체의 내용을 글과 그림으로 기록한 종합 보고서입니다.

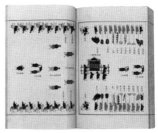

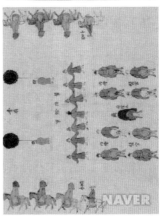

조선왕조『의궤』는『조선왕조실록』,『승정원일기』와 더불어 조선이 기록을 얼마나 중시했는지 알 수 있게 해 주는 표본으로, 왕실과 정부의 주요 행사를 '의궤' 형식으로 남긴 나라는 세계에서 조선이 유일합니다.

의궤(출처: 규장각한국학연구원)

그래서 유네스코는 2007년에 조선왕조『의궤』를 세계인이 보존해야 할 세계기록유산으로 등재하여 그 가치를 인정하였습니다.

세계기록유산으로 등재된 조선왕조『의궤』는 서울대학교 규장각한국학연구원에 소장된 546종 2,940책과 한국학중앙연구원 장서각에 소장된 287종 490책입니다.

조선왕조『의궤』는 왜 만들었을까?

조선의 왕실과 정부는 결혼식이나 장례식·회갑연과 같은 각종 연회 및 외국에서 사절단이 와서 영접을 할 경우에는 반드시 행사 내용을 글과 그림으로 된 책자로 남겼습니다.

『의궤』를 만든 이유는 후대에 동일한 행사를 치를 때 참고하기 위해서였습니다. 예전에는 카메라나 동영상을 촬영할 수 없었기 때문에 행사를 치를 때 작성한 각종 문서 및 업무 분장표, 담당자 명단을 비롯하여 동원된 인원, 소요 물품, 들어간 경비 등을 글로 쓰고 행사의 전 과정을 도화서에 소속된 화원(그림을 전문적으로 그리는 관리)이 그림으로 그려 놨습니다.

현재 존재하는 조선왕조『의궤』는 세계기록유산으로 등재된 것 외에도 프랑스 국립도서관에 191종, 일본 궁내청에 69종이 있어서 중복된 것을 제외하면 모두 637종이 남아 있습니다.

조선왕조 『의궤』는 어떤 행사 때 만들어졌을까?

의궤는 그 종류가 다양합니다. 탄생·책봉·즉위·혼인·장례에 관한 의궤가 있으며, 종묘 행사나 사신 접대와 같은 나라 행사와 관련된 의궤, 각종 편찬 사업이나 건축과 관련된 의궤, 왕실 어른의 회갑연과 같은 잔치를 기록한 의궤 등이 있습니다.

조선왕조 『의궤』는 어떻게 제작되었나?

국가나 왕실에서 행사를 치를 때면, 우선 정부는 행사를 담당할 '도감'이라는 임시 기구를 만들었습니다. 도감의 책임자는 주로 영의정이나 예조 판서가 맡았으니 그 격이 매우 높았습니다. 행사를 치르고 나면 행사의 전체 내용을 알 수 있는 의궤를 편찬하였는데, 의궤의 이름은 행사의 성격에 따라 달리 붙였습니다.

**효종왕세자급빈궁
책례도감의궤**
(출처: 규장각한국학연구원)

진찬의궤
(출처: 규장각한국학연구원)

왕실의 혼인일 때는 『가례도감의궤』, 세자 책봉 행사는 『세자책례도감의궤』, 실록을 편찬할 때는 『실록청의궤』, 궁중 잔치를 치른 후에 작성하는 의궤는『진찬의궤』나『진연의궤』라고 이름을 붙였습니다.

그럼 '반차도'는 무엇일까?

반차도는 의궤 중에서 관리들이 늘어서는 차례와 행사 장면을 그린 그림입니다. 행렬의 모습을 위에서 아래로 내려다보는 조감법(鳥瞰法)을 사용하여 그렸기 때문에 행사장의 전체 모습을 바로 파악할 수 있고, 그림의 앞과 끝에 행사 내역과 참가 인원 및 관직 등을 자세히 적어 놓아 후대에 똑같은 행사를 치를 때 시행착오를 겪지 않고 차질 없이 행사를 진행할 수 있도록 해 놓았습니다.

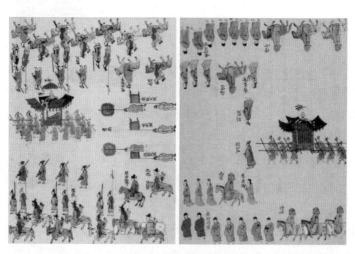

의궤(출처: 규장각한국학연구원)

『의궤』는 몇 부를 만들었나?

『의궤』는 손으로 쓰거나 인쇄를 하여 5~9부를 만들었습니다. 가장 잘 만든 책은 국왕용이었고, 나머지는 각 부처와 사고 등에 나누어 보관하였습니다. 국왕이 본 의궤는 규장각에 보관했는데, 정조 시대에 강화도에 외규장각을 만들면서 이곳으로 옮겨 보관하였습니다.

1866년 병인양요 때 프랑스군은 이 외규장각에 불을 지르고 의궤 290여 책을 약탈해 갔습니다. 박병선(1929~2011) 박사는 프랑스 국립도서관 사서로 있던 시절 도서관 별관 창고에서 약탈당한 조선왕실『의궤』를 발견하였습니다.

그는 이 사실을 파리 주재 조선일보 특파원에게 알렸고, 조선일보는 1978년 10월 28일자로 보도했습니다. 이후 프랑스 국립도서관은 박병선

1993년 프랑수아 미테랑 당시 프랑스 대통령이
반환한 '현목수빈휘경원오소도감의궤 상권'을
김영삼 대통령이 살펴보고 있는 장면
(출처: 네이버)

박사를 해고하였지만 그는 개인 자격으로 의궤 열람 신청을 했고 거의 10
년 동안 출근하다시피 하면서 약탈당한 『의궤』의 내용을 정리해 목록으로
만들었습니다.

우리 정부는 1991년부터 프랑스에 『의궤』 반환을 줄기차게 요구하고 나
서 145년 만에 2011년 프랑스는 우리나라에 영구 임대 방식으로 『의궤』를
돌려줬습니다.

기록유산명	조선왕조 의궤
세계기록유산 등재	2007년
만들어진 시기	조선시대
우리나라 문화재 지정 종목	-
소장 위치	서울대학교 규장각 한국학연구원 한국학 중앙연구원 장서각
홈페이지	http://www.aks.ac.kr http://jsg.aks.ac.kr/

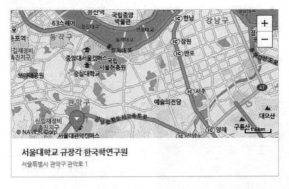

서울대학교 규장각한국학연구원(출처: 국토정보지도원)

📍 한국학중앙연구원

경기도 성남시 분당구 운중동   크게보기 길찾기

한국학중앙연구원(출처: 국토정보지도원)

😎 더 알아보기

『의궤』를 통해서 본 영조의 결혼식

1759년 66세의 영조가 15세의 아리따운 아가씨 정순왕후 김 씨와 결혼식을 올렸습니다. 어떻게 결혼했는지 『영조정순후가례도감의궤』를 통해서 알아볼까요?

'가례도감'은 조선시대 때 가례와 관련이 있는 일을 맡아 보던 기구입니다. 가례는 왕의 성혼(혼인이 이루어짐)이나 즉위, 또는 왕세자·왕세손 등의 성혼이나 책봉(지위를 받는 일) 따위의 예식을 말합니다. 가례도감은 진행한 일을 꼼꼼히 기록해 『의궤』로 남겨 보존하였습니다. 또 임시 기구여서 가례가 끝나고 나면 자연스럽게 해체되었다고 합니다.

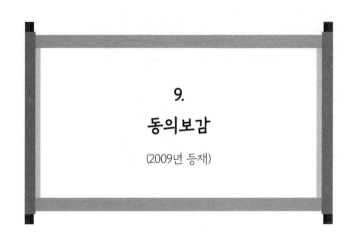

9.
동의보감

(2009년 등재)

국왕의 명령으로 편찬되었다고?

1592년 임진왜란이 발발하여 의주로 피난 갔던 선조는 이듬해인 1593년 서울에 돌아와 전쟁 피해의 회복에 힘을 썼습니다. 조선은 전쟁의 참화로 피폐해졌으며, 민간에서 이용되던 대다수의 의학 서적들도 없어지게 되어 책을 구하기 힘든 형편에 놓였습니다.

1596년(선조 29) 선조는 자신이 가장 신임하는 수의(首醫) 허준에게 이런 상황을 일신(日新)할 새 의학서적의 편찬을 지시하였습니다. 허준은 왕명을 받아 당시의 뛰어난 의원을 망라해 의서(醫書) 편찬작업을 시작하

였습니다. 어의인 양예수(楊禮壽)·이명원(李命源)·김응탁(金應鐸)·정
예남(鄭禮男) 등 4인과 민간에서 명성을 떨치고 있는 의사들이었습니다.

양예수는 허준보다 선배 세대의 어의로 신의(神醫)로 평가받은 인물이
고, 정작은 어의는 아니지만 민간에서 형 정렴과 함께 도교적 양생술의 대
가로서 의학에 밝다는 평판을 받고 있었습니다. 이명원은 침술에 밝았으
며, 김응탁·정예남은 신예 어의였습니다. 이렇게 많은 의관(醫官)과 의원
(醫員)들이 모여서 의서 편찬에 투입된 사례는 세종 때 10인이 참여한『의
방유취(醫方類聚)』편찬밖에 없었습니다.

정유재란이 끝난 후 1601년 봄, 선조는 동의보감의 편찬이 늦어지자
허준을 불러『동의보감』을 단독으로 편찬할 것을 요청하였습니다. 하

동의보감(출처: 규장각한국학연구원)

지만 의학 책인『언해태산집요(諺解胎産集要)』·『언해구급방(諺解救急方)』·『언해두창집요(諺解痘瘡集要)』등 3종을 먼저 편찬하라고 명령을 내렸습니다. 이 세 책은 그 해에 마무리가 되었고,『동의보감』편찬에는 허준이 공무(公務)로 틈을 내지 못하여 1608년이 되도록 절반도 끝내지 못했습니다. 이 해에 선조가 승하하자 그 책임을 물어 허준은 의주로 유배되었습니다. 그곳에서 허준은 의서 편찬에 전념했습니다.

1609년 말 허준은 귀양에서 풀려나 서울로 돌아와 이듬해인 1610년 8월 완성된『동의보감』을 광해군에 바쳤습니다. 광해군은 허준이 선왕의 유업을 완수했다고 하여 그에게 좋은 말 한 필을 상으로 내렸습니다.

전란 직후라 출판할 사정이 좋지 않아 인출본은 3년이 지난 후인 1613년에 내의원의 개주갑인자(改鑄甲寅字) 목활자를 사용하여 출판되었습니다.

책의 구성을 살펴보면 목차 2권, 내과에 관계되는 내경편(內經篇) 4권, 외과에 관한 외형편(外形篇) 4권, 유행성병·급성병·부인과·소아과 등을 합한 잡병편 11권, 약제학·약물학에 관한 탕액편(湯液篇) 3권, 침구편(鍼灸篇) 1권, 목차편 2권, 계 25권으로 구성되어 있습니다.

세계는 『동의보감』의 가치를 알아보았을까?

『동의보감』은 17세기 동아시아 의학을 집대성하여 지금까지 의학 발전에 많은 영향을 미치고 있으며, 세계적으로도 학술적 가치를 높이 평가받고 있습니다.

여기서 '동의'는 조선의 의학 전통을, '보감'은 보배스러운 거울을 뜻합니다. 국내에 남아 있는 『동의보감』 초간본(목활자본)은 전본이 드물어 희소성이 있으며 한국의학사와 임난 이후 도서출판사 연구에 귀중한 자료가 되고 있습니다.

유네스코는 『동의보감』이 담은 시대정신과 독창성, 세계사적 중요성 등의 가치를 인정하여 1613년 허준이 간행에 직접 관여한 초판 완질 2본(오대산사고본, 적성산사고본)을 2009년 7월 31일 세계기록유산으로 등재하였습니다. 이는 한국의 일곱 번째 세계기록유산이었으며, 의학서적으로는 처음으로 등재된 것이었습니다.

2015년 6월 22일 『동의보감』 세 본은 각각 국보 제319-1호, 제319-2호, 제319-3호로 승격·지정되었습니다.

국립중앙도서관이 소장하고 있는 『동의보감』(오대산사고본, 25권25책,

36.6×22.0㎝)은 1614년 오대산사고(五臺山史庫)에 보관된 책이며, 1991년 9월 30일 보물 제1085-1호로 지정되었습니다.

국립중앙도서관(출처: 국토정보지도원)

한국학중앙연구원이 소장하고 있는 『동의보감』(적성산사고본, 25권 25책, 36.6×22.0㎝), 서울대학교 규장각한국학연구원이 소장하고 있는 『동의보감』(태백산사고본, 24권24책과 17권17책 2종류, 36.6×22.0㎝)은 2008년 8월 28일 각각 보물 제1085-2호, 제1085-3호로 지정되었습니다.

📍한국학중앙연구원

경기도 성남시 분당구 운중동   크게보기 | 길찾기

한국학중앙연구원(출처: 국토정보지도원)

서울대학교 규장각 한국학연구원

서울특별시 관악구 관악로 1

서울대학교 규장각한국학연구원(출처: 국토정보지도원)

국립중앙도서관과 한국학중앙연구원 소장본은 완질이지만, 서울대학교 규장각한국학연구원 소장본 두 종류는 일부가 빠져나간 결락본(缺落本)입니다. 해당 소장본 중 24권24책은 잡병편 권6의 1책이 결본이고, 17권17책은 8책이 결본입니다. 다만 24권24책에서는 빠져 있는 잡병편(雜病篇)이 제17권17책에는 포함되어 있습니다.

『동의보감』이 최고의 의서인 이유는?

『동의보감』은 출간 이후 현재까지 중국에서 대략 30여 차례 출간되었고, 일본에서도 두 차례 출간되었습니다. 특히 중국에서 대단한 인기를 누렸습니다. 중국 의서 가운데 『동의보감』과 성격이 비슷한 종합의서로서 이보다 많이 인쇄한 책은 불과 수 종에 불과합니다.

이와 같이 『동의보감』은 국내 및 국제적인 기여를 인정받아 2009년 7월 제9차 유네스코 기록유산 국제자문위원회(바베이도스)에서 유네스코 세계기록문화유산으로 등재되었습니다.

기록유산명	동의보감
세계기록유산 등재	2009년
만들어진 시기	조선시대
우리나라 문화재 지정 종목	국보 제319-1호(오대산사고본) 국보 제319-2호(적성산사고본) 국보 제319-3호(태백산사고본)
소장 위치	국립중앙도서관(오대산사고본) 한국학 중앙연구원 장서각(적성산사고본) 서울대학교 규장각 한국학연구원(태백산사고본)
홈페이지	http://www.nl.go.kr/ http://www.aks.ac.kr/ http://www.kyujanggak.snu.ac.kr/

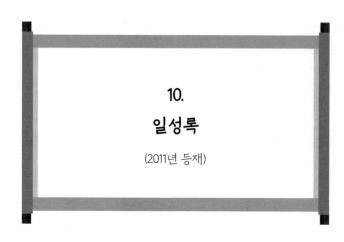

10.

일성록

(2011년 등재)

정조임금의 일기로부터 시작된 기록이라고?

정조실록 정조 5년(1781) 8월 19일

나는 일찍부터 일기 쓰는 버릇이 있었다. 아무리 바쁘고 번거로운 일이 있을 때라도 반드시 잠자리에 들기 전에 기록하여 하루에 세 가지로 자신을 반성한다는 의미를 붙였다.

조선 제22대 임금님은 정조대왕입니다. '이산'으로도 널리 알려진 정조는 세종대왕만큼이나 백성을 사랑한 훌륭한 임금이었습니다.

'정조실록'에 실려 있는 위 글에 따르면 정조는 세손 시절인 9세 때부터 누가 시키지도 않았는데 혼자 일기를 쓰기 시작했습니다. "나는 날마다 세 가지 기준을 가지고 스스로에 대해 반성한다"는 정조 자신을 반성하는 자료로 활용하기 위해 작성하였습니다. 이 일기가 바로『일성록』입니다.

일성록(출처: 규장각한국학연구원)

일성록이라는 말은 '하루 세 가지 반성한다'는 뜻의 사자성어 일일삼성 (一日三省)에서 따왔습니다. 일일삼성은 '일을 하는 데 충실하게 했는가?' '벗을 사귀는 데 믿음을 잃지 않았는가?' '스승의 가르침을 익히지 않았는 가?'라는 증자의 말에서 유래한 것입니다.

『일성록』은 1760년(영조 36) 1월부터 1910년(융희 4) 8월까지 151년 간의 국정에 관한 제반 사항들이 기록되어 있는 일기로, 필사본이며, 총 2,329책입니다.

책의 구성은 「천문류」·「제향류」·「임어소견류」·「반사은전류」·「제배체해류」·「소차류」·「계사류」·「초기서계별단류」·「장계류」·「과시류」·「형옥류」 등의 순서입니다. 1973년 12월 31일에 국보 제153호로 지정되었고, 서울대학교 규장각에서 관리해 오고 있습니다.

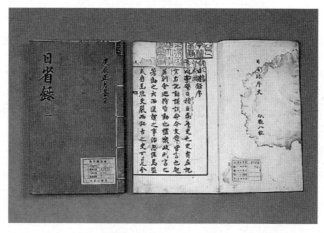

일성록(출처: 규장각한국학연구원)

아버지, 나라 잃은 슬픔을 일기로 승화시켰다고?

정조는 '존현각일기'로 개인 일기를 쓰기 시작했습니다. 나중에 '일성록'이라는 이름을 달고 국사(國事)에 관한 공식 일기로 성격이 바뀌었습니다.

정조가 11세 때 아버지 사도세자가 할바마마인 영조의 노여움을 받아 뒤주에서 죽는 비극적인 사건이 일어났습니다. 효자인 정조는 그 당시 엄청난 충격과 슬픔으로 인해 두 달 동안 단 하루치의 일기도 쓰지 못하였답니다. 그 후 악착같이 마음을 추슬러 다시 쓰기 시작했다고 합니다. 경전 공부와 무술 연마에도 힘써 문무(文武)를 두루 갖춘 훌륭한 임금이 되었습니다.

무진 01 1777년 1월 1일 일기
(출처: 규장각한국학연구원)

『일성록』에는 우리 민족의 가장 가슴 아픈 기록도 남아 있습니다. 바로 순종이 국한문 혼용으로 쓴 조선 마지막 날의 일기입니다.

한국의 통치권을 옛날부터 의지하던 이웃 나라 대일본 황제 폐하에게 넘겨주어 밖으로 동양의 평화를 공고히 하고 안으로 팔역민생을 보전케 하노니 너희 대소 신민들은 (중략) 일본제국 문명신정을 복종하여 행복을 함께 누리라.

주권을 빼앗긴 약소국은 이렇게 처참하고 통탄할 기록을 남길 수밖에 없었습니다. 우리는 이를 거울 삼아 '국력이 힘'이라는 역사적 교훈과 함께 '기록의 소중함'도 배워야 하겠습니다.

융희 04 1910년 8월 29일 일기
(출처: 규장각한국학연구원)

세계적으로 유례가 없는 일기라고?

국보 153호『일성록』은 한지에 붓으로 쓴 필사본이니 당연히 유일본입니다. 이 일기(日記)는 조선왕조가 패망한 경술국치(1910.8.29.)까지 기록되어 있습니다. 모두 2,329책에 글자 수는 4800만 자에 달합니다. 조선 역대 임금의 말과 행동을 날마다 기록한 '임금님의 일기'가 158년간 계속된 것입니다. 이는 세계적으로도 유례가 없는 기록물로 2011년 세계기록유산에 등재되었습니다. 현재 서울대 규장각에 보관되어 있습니다.

『일성록』의 번역 작업은 1998년부터 시작되었습니다. 정조대 일기는 모두 번역돼 182책으로 펴냈답니다. 현재 전체의 약 40%를 번역했고 순조대 일기를 번역하고 있습니다.

『일성록』에는 국가의 의식 절차를 비롯해 지방 관리의 보고, 백성의 상소와 그에 따른 조치, 암행어사의 보고, 죄수 수사 기록, 외교 관련 문서, 농사와 관련된 날씨 정보 등이 자세하게 담겨 있고 이 때문에 국가 운영의 참고 자료로도 많이 사용되었습니다.

『조선왕조실록』과 『승정원일기』가 편년체(날짜별로 일기 쓰듯이 작성하는 자료 정리 방식)로 된 것과 달리 『일성록』은 강목체(역사를 서술할 때 중요 사건의 요지를 먼저 제시하고 전반적인 내용을 그 아래 달아 주는 방식)로 되어 있는 것도 특징입니다.

기록유산명	일성록
세계기록유산 등재	2011년
만들어진 시기	조선시대
우리나라 문화재 지정 종목	국보 제153호
소장 위치	서울대학교 규장각 한국학연구원
홈페이지	http://e-kyujanggak.snu.ac.kr/

서울대학교 규장각한국학연구원(출처: 국토정보지도원)

『일성록』과 『승정원일기』의 공통점과 차이점은?

구분		일성록	승정원일기
공통점		일기 형식	
차이점	**체계 여부**	체계적	비체계적
	주체	予(여) 왕이 스스로 작성, 국왕 1인칭 용어(여)	上(상) 국왕을 지칭하는 신하가 작성
	내용	왕이 하루를 반성하고 통치활동에 참고하기 위해 주제를 나누어 요점정리	왕의 일거수 일투족을 자세히 기록하여 내용이 많음
	구성	주제순, 강목체	시간순, 편년체

11.
1980년 인권기록유산
5·18 민주화운동 기록물

(2011년 등재)

항쟁 당시 문서·출판물, 세계기록유산으로 처음 등재되었다고?

1980년 5월 18일부터 5월 27일 사이에 한국 광주에서 일어난 5·18 민주화운동과 관련한 기록물은 시민의 항쟁 및 가해자들의 처벌과 보상에 관한 문서·사진·영상 등의 형태로 남아 있습니다.

5·18 민주화운동이 발생한 원인은 무엇일까?

1979년 10월에 박정희 대통령이 최측근 중 한 명인 김재규 중앙정보부

공공기관이 생산한 5·18 민주화운동 자료(출처: 5·18 민주화운동 기록관)

장에 의해 암살된 뒤 일어났습니다. 그해 12월 전두환(11·12대 대통령) 장군과 노태우(13대 대통령) 장군 등이 이끄는 군(軍) 장교들이 쿠데타로 정권을 장악했는데, 이때 전국적으로 반정부 시위가 일어났습니다. 광주 에서도 민주주의의 회복을 바라는 대학생들이 시위를 벌였습니다.

1980년 5월 17일, 전두환이 장악한 정부는 계엄령을 선포하고 광주에 공수부대를 급파해 다음날부터 학생과 시민을 폭력으로 진압하기 시작했 습니다. 이 과정에서 군인들은 무분별한 시민들을 향해 발포하여 수백 명 의 사상자가 발생하였습니다. 군인들은 광주를 섬처럼 봉쇄해 다른 지역 과 고립시켰고, 시민들은 수습대책위원회를 구성해 군부와 협상을 벌였지만 소용이 없었습니다. 5월 27일 새벽, 탱크를 앞세운 대규모 진압군은 전남도청에서 끝까지 저항하던 시민들을 진압했습니다.

　정부 발표 통계에 따르면, 10일간 광주와 주변지역에서 165명이 죽고 76명이 실종됐으며 3,000여 명이 다치고 1,400여 명이 체포되었습니다. 1989년 대통령의 제안으로 '광주사태'라는 명칭이 '5·18 광주민주화운동'으로 바뀌었습니다. 1995년에는 국회에서 가해자 처벌에 관한 특별법이 제정돼 두 전직 대통령과 고위 관리들의 사법적 조치가 시작되었고 광주민주화운동 희생자가 영면한 망월동 묘지는 2002년 국립묘지로 승격됐으며 피해자들은 국가유공자로 인정받았습니다.

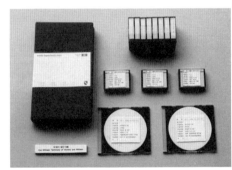

피해자들의 구술 증언을 기록한
테이프와 CD

(출처: 5·18 민주화운동 기록관)

피해자들의 병원치료기록
(부상자 진료비 청구서)

(출처: 5·18 민주화운동 기록관)

세계적 중요성·고유성·대체 불가능성이라고?

5·18 광주민주화운동 기록물은 우리나라 근현대 기록물로는 처음으로 2011년 세계기록유산에 등재되었습니다.

5·18 민주화운동에 대한 문서는 크게 세 가지로 분류됩니다.

· 첫째, 중앙 정부의 행정문서

1980년 이후에 권력을 잡은 정부기관에서 만든 문서로서, 군 수사 기관의 수사와 군법회의 재판 기록 등이 있습니다.

국회의 5·18 민주화운동 진상규명 회의록
(출처 5·18 민주화운동 기록관)

군법회의재판기록 광주사건, 내란음모사건
(출처: 5·18 민주화운동 기록관)

· 둘째, 오래된 성명서와 선언서, 손으로 직접 쓴 포스터와 기자들의 취재수첩 등

상황이 얼마나 긴박하고 절망적이었는지를 보여 주는 5·18 민주화 항쟁 당시에 기록된 문서들이 있습니다. 특히 광주가 외부 세계와 얼마나 단절되었는지를 기록한 사진가들과 외국인 기자들이 찍은 사진들은 눈을 뗄 수가 없을 만큼 강렬합니다.

시민들이 생산한 성명서, 선언문
(출처: 5·18 민주화운동 기록관)

'연합통신' 나경택 기자가 촬영한 필름 원본
(출처: 5·18 민주화운동 기록관)

• **셋째, 국회와 대법원에 만든 문서 등**

5·18 민주화항쟁 이후 군사정부 시절에 일어났던 사건에 관하여 진실을 규명하고 사람들의 명예를 회복하는 문서들이 있습니다.

기록물들은 광주시청 5·18기념문화센터와 5·18기념재단, 전남대학교 5·18연구소 등에 보관돼 있습니다.

미국의 5·18 관련 비밀해제 문서
(출처: 5·18 민주화운동 기록관)

기록유산명	1980년 인권기록유산 5·18 광주 민주화운동 기록물
세계기록유산 등재	2011년
만들어진 시기	1980년
우리나라 문화재 지정 종목	–
소장 위치	5·18 민주화운동 기록관
홈페이지	http://www.518archives.go.kr/

5·18 민주화운동 기록관(출처: 국토정보지도원)

12.
난중일기

(2013년 등재)

전쟁 중에 쓴 일기가 있다고?

한산섬 달 밝은 밤에 수루에 홀로 앉아

큰 칼 옆에 차고 깊은 시름 하는 차에

어디서 일성호가는 남의 애를 끊나니

『난중일기(亂中日記)』는 이순신(李舜臣, 1545~1598) 장군의 진중일기
(陣中日記)로, 한국 사람들에게 존경받는 영웅 중 한 사람인 이순신 장군
이 일본의 조선 침략 당시였던 임진왜란(1592~1598) 중에 쓴 친필일기입
니다.

난중일기(출처: 문화재청 국가문화유산포털 홈페이지)

이는 임진왜란이 발발한 1592년 1월부터 이순신 장군이 마지막으로 치른 노량(露梁) 해전에서 결정적인 승리를 앞두고 전사하기 직전인 1598년 11월까지 거의 날마다 적은 기록으로 총 7책 205장의 필사본으로 엮어져 있습니다.

동래부순절도
(출처: 문화재청 국가문화유산포털 홈페이지)

난중일기라는 이름은 정조 때 충무공이 쓴 글들을 모아 엮은 '이충무공전서'를 편찬할 때 붙여진 이름으로 연대별로 '임진일기', '계사일기', '갑오일기', '을미일기', '병신일기', '정유일기', '속정유일기', '무술일기'라는 이름을 붙였는데 이를 모두 합쳐 난중일기라 부릅니다.

┃ 일본과의 7년간의 전쟁이라고?

히데요시(豊臣秀吉, 1536~1598)의 조선침략전쟁(Hideyoshi invasion)이라고도 알려진 7년 전쟁은 중국 명(明) 왕조의 패권에 도전하고, 아시아 대륙으로 진출하고자 했던 일본의 야욕으로 인해 빚어진 전쟁이었습니다. 일본과 중국은 대량으로 생산된 무기를 이 전쟁에서 사용하였으며 조선은 세계 최초로 알려진 '장갑선(裝甲船)'을 건조하였습니다. 이 전쟁에는 동남아시아 여러 국가와 유럽의 용병이 참전하였다는 증거도 발견되었습니다.

또한 일본의 조총과 프랑스와 포르투갈에서 제작되어 중국인들이 사용한 대포인 '파랑기(farangi, 중국에서는 '폴랑기(佛郎機)', 조선에서는 '불랑기(佛郎機)'라고도 알려짐)'라는 이름의 유럽산 대포 등 일본이나 중국 모두 당시 대량생산된 새로운 총포 무기를 개발하고 도입하여 산업화된 무기를 증강하는 경쟁을 벌이기 시작한 시점이기도 합니다. 미국인 역사학자 케네스 M 스워프(Kenneth M. Swope)는 2005년 발표한 논문과 2009년 출간된 저서에서 임진왜란을 '아시아 최초의 지역적 세계대전(First Great East Asian War)'이라고 평가했습니다.

특히, 7년간의 전쟁이었던 임진왜란에 관한 전쟁 사료 중 육지에서 벌어진 전쟁에 관한 자료들은 상대적으로 풍부한 반면, 해전에 관한 자료로는 『난중일기』가 유일하다고 할 수 있습니다.

『난중일기』는 군 사령관이 전장에서 겪은 이야기를 서술한 기록으로서 세계사에서 그 유례를 찾아보기 힘듭니다. 개인의 일기 형식으로 기록되었지만 날마다의 교전 상황이나 이순신 장군의 개인적 소회, 그리고 당시의 날씨나 전장의 지형, 서민들의 생활상까지 상세하게 기록되어 있습니다. 『난중일기』는 문장이 간결하면서도 유려(流麗)하며, 오늘날까지 대한민국 국민이 사랑하는 시도 다수 포함되어 있어 문학적 가치가 매우 높습니다. 그렇기 때문에 유네스코는 난중일기의 가치를 높이 평가해 2013년에 세계기록유산으로 등재했습니다.

거북선도 등장한다고?

『난중일기』는 한국뿐만 아니라 여러 근대 유럽 나라들에서 임진왜란 해전을 연구하는 데 있어 매우 폭넓게 활용되어 왔습니다. 예컨대 '세계 최

경남 통영에 전시되어 있는 거북선 모형

초의 장갑선'이라고 알려진 '거북선'에 관한 기록과 거북선을 이용하는 전술은 전쟁사 연구자들의 주목을 끌었습니다.

일본의 도고 헤이하치로(東鄕平八郞, 1848~1934) 제독은 이순신을 집중적으로 연구하였는데, 1905년 5월의 러일전쟁 당시 대마도 해전에서 그는 "나의 업적을 넬슨과 비교할 수는 있어도, 조선의 이순신 장군과 견주지 마라. 나는 그의 발끝에도 미치지 못한다"는 말과 함께 이순신 장군의 전법을 활용해 러시아의 발틱 함대를 물리쳤습니다.

ⓞⓞ 더 알아보기

이순신 장군의 어록

"한산섬 달 밝은 밤에 수루에 홀로 앉아 큰 칼 옆에 차고 깊은 시름 하던 차에 어디서 일성 호가는 남의 애를 끊나니" (이순신의 시조 중 '한산섬 밝은 밤에')

"지금 신에겐 아직 열두 척 전선이 있사옵니다." (정유년 명량해전에 앞서 올린 장계)

"싸움이 바야흐로 급하니, 내가 죽은 것을 알리지 말라." (무술년 노량해전에서 전사하면서 남긴 유언)

그럼 『난중일기』는 어디서 보관하고 있을까?

『난중일기』는 1962년 국보(국보 76호)로 지정되었으며 국가기관인 충청남도 아산시 현충사에서 소장 및 관리하고 있습니다.

기록유산명	난중일기
세계기록유산 등재	2013년
만들어진 시기	조선시대
우리나라 문화재 지정 종목	국보 제76호
소장 위치	충남 아산 현충사
홈페이지	http://hcs.cha.go.kr/

현충사(출처: 국토정보지리원)

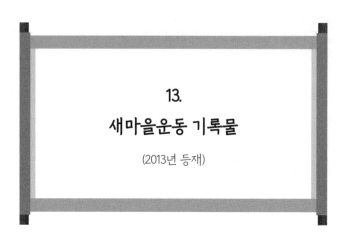

13.
새마을운동 기록물
(2013년 등재)

새마을운동이란 무엇인가?

새벽종이 울렸네 새 아침이 밝았네/ 너도나도 일어나 새 마을을
가꾸세/ 살기 좋은 내 마을 우리 힘으로 만드세/ 초가집도 없애
고 마을 길도 넓히고/ 푸른 동산 만들어 알뜰살뜰 다듬세/ 살기
좋은 내 마을 우리 힘으로 만드세

위 노래는 1970년대 전국 방방곡곡 농촌 마을에 새벽부터 쉴 새 없이
울려 퍼졌던 '새마을운동' 노래입니다.

새마을운동 기록물(출처: 새마을운동 아카이브 홈페이지)

우리 대한민국은 일제의 강점과 식민 지배, 6·25 전쟁에도 불구하고 빠른 경제 성장과 민주화를 달성한 세계 유일의 국가입니다. 전쟁이 끝나고 가난에서 벗어나고자 정부는 경제개발 5개년 계획과 함께 1970년 내내 '새마을운동'을 장려했습니다. 즉, 새마을운동은 정부와 국민이 함께 손을 맞잡고 농촌의 빈곤을 퇴치하는 운동이었습니다.

농업을 과학화하고 여성의 사회적 지위를 향상시켰으며 농촌마을을 현대화하는 작업과 지역공동체의 민주화를 통해 농촌 문제를 빠르게 해결하기 위한 토대가 되었습니다.

새마을운동의 기본 정신은 근면(勤勉), 자조(自助), 협동(協同)입니다.

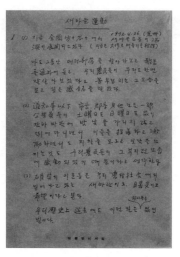

새마을운동 관련 대통령 친필 초고(1972년 4월 26일)

(출처: 새마을운동 아카이브 홈페이지)

근면은 일상생활의 부지런함을 말하며, 검소(儉素)나 절약(節約)과 늘 함께하는 덕목입니다. 자조는 '하늘은 스스로 돕는 자를 돕는다(Heaven helps those who help themselves)'는 속담처럼 자율과 자립의 정신입니다. 협동은 두레나 계, 품앗이, 향약처럼 동네 주민들이 서로 힘을 합해 좋은 결과를 만들어 가는 것입니다.

새마을운동은 이 세 가지의 기본 정신을 바탕으로 농어촌 주민들이 중심이 돼 경제적·사회적 발전을 추구해 나갔답니다.

이처럼 대한민국 농가의 평균 소득은 825달러에서 4,602달러로 향상되었는데 이는 새마을운동의 결과라고 할 수 있습니다.

경기도 용인군 남사면 동막마을 회의록(1979년 12월 31일)

(출처: 새마을운동 아카이브 홈페이지)

장차관급 새마을교육 제1기 수료앨범(1974년 7월)

(출처: 새마을운동 아카이브 홈페이지)

우리나라가 선생님이라고?

이러한 점에서 많은 개발도상국에게 한국은 교훈적인 국가모델로 알려져 있습니다. 르완다, 네팔, 베트남, 라오스, 캄보디아, 탄자니아, 우간다에서는 새마을운동을 시범적으로 실행하고 우리나라를 방문해서 배워 가고 있습니다.

새마을운동 기록물(출처: 새마을운동 아카이브 홈페이지)

농촌 개발과 빈곤퇴치의 모범이라고?

2013년 유네스코는 농촌 개발과 빈곤 퇴치의 모범 사례로서 새마을운동과 관련된 기록물 2만 2,000여 건(새마을 교재, 마을 단위 사업 서류, 새마을 지도자들의 성공 사례를 담은 원고, 관련 사진과 영상 등)을 세계기록유산으로 등재하였습니다.

이 기록물들은 모두 국가기록원과 새마을중앙회에 소장되어 있습니다.

기록유산명	새마을운동 기록물
세계기록유산 등재	2013년
만들어진 시기	1970년대
우리나라 문화재 지정 종목	-
소장 위치	국가기록원 새마을운동중앙회
홈페이지	http://www.arhives.go.kr/ http://www.saemaul.or.kr/

새마을운동중앙회(출처: 국토정보지리원)

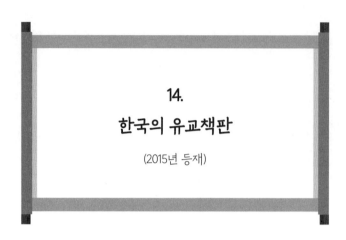

14.
한국의 유교책판

(2015년 등재)

유교란 무엇인가?

유교는 유학(儒學)이라는 학문을 바탕으로 하는 종교이고, 중국 공자의 가르침에서 시작된 도덕 사상을 말합니다. 유교는 수천 년 동안 중국, 한국, 일본 등 동양 사상을 지배하였습니다.

공자의 가르침이 담긴 경전(논어 등 사서삼경)과 이 경전에 근거해 후세 학자들이 체계적으로 정립한 사상입니다.

인·의·예·지·신?

좀 어렵지만 우리는 살아가면서 부모, 형제, 친구 등 많은 사람들과 관계를 맺고 지냅니다. 공자는 인간사회의 인륜을 지키며 공동체를 이루며 살아가기 위해 '인의예지신'을 갖춰야 한다고 가르치고 있습니다.

어질고 착함 인(仁)

정의로움 의(義)

예의바름 예(禮)

지혜로움 지(知)

믿음 신(信)

유교의 말씀을 담은 책은 대부분 이러한 사상을 주제로 한 것입니다.

유교책판은 왜 만들었을까?

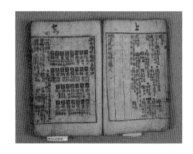

유교책판(출처: 한국국학진흥원)

유교책판은 유학을 공부했던 조선 시대 유학자들의 저작물을 인쇄하기 위해 나무판에 글자를 새긴 것입니다. 그런데 중요한 것은 유교책판을 국가에서 만든 것이 아니라 각 지역의 유학자들 즉, 지식인 집단이 만들었다는 데 의미가 있습니다. 앞선 고려대장경판 및 제경판은 고려시대의 국책사업이었다면 유교책판은 민간사업이었던 것입니다.

유교책판본(출처: 한국국학진흥원)

　이런 공동체 출판 방식은 세계적으로도 유례를 찾기 어렵습니다. 특히 유네스코는 이 책판이 당대 지식인(학자) 계층의 여론인 '공론(公論)'을 통해 제작됐다는 점에 주목하였습니다.

　공론이란 당대의 여론 주도층인 지역사회의 지식인 계층의 여론을 뜻하는데 때문에 서책 전체에 관한 것이든 아니면 부분적인 내용에 관한 것이든 공론에 어긋나는 내용이 있다면 출판이 제한되었습니다.

　유교책판을 제작하는 데에는 많은 비용이 들어갔습니다. 개인이나 문중이 감당하기 어려운 정도였지만 문중과 서원 등 지역사회의 주요 인물들이 그 비용을 분담해 제작하였습니다.

유교책판은 어디서 관리하나요?

이 책판들은 주로 300여 개 문중이나 서원 등 민간에서 보관해 오던 것인데 책판을 기탁 받은 한국국학진흥원이 10여 년에 걸쳐 유교책판의 세계기록유산의 등재 신청을 준비했고 2015년 등재하였습니다.

한국국학진흥원에는 조선왕조 1460년부터 1950년까지 만들어진 6만 4,000여 장의 책판이 있습니다.

수록 내용은 문학, 정치, 경제, 철학, 대인관계 등 다양한 종류의 유교 관련 내용으로 구성돼 있습니다.

유교책판 보관 모습(출처: 한국국학진흥원)

기록유산명	유교책판
세계기록유산 등재	2015년
만들어진 시기	1460년~1950년
우리나라 문화재 지정 종목	-
소장 위치	경북 안동 한국국학진흥원
홈페이지	http://koreastudy.or.kr

한국국학진흥원
경상북도 안동시 길주길 103

한국국학진흥원(출처: 국토정보지리원)

15.
KBS 특별생방송
'이산가족을 찾습니다' 기록물

(2015년 등재)

남북 이산가족 상봉 최고 시청률 78%

이산가족 찾기 장면(출처: KBS)

누가 이 사람을 모르시나요?

KBS 특별 생방송 '이산가족을 찾습니다'는 공영방송 KBS가 6·25 전쟁의 휴전 협정 30주년을 맞이하여 1983년 6월 30일 밤 10시 15분부터 11월 14일 새벽 4시까지 138일간(방송시간 453시간 45분) 방송된 아주 특별한 프로그램입니다.

가장 오랫동안 냉전체제가 지속되는 나라가 한국이라고?

우리나라는 일제강점기(1910~1945)와 한국전쟁(1950.6.25.)으로 인해 가족과 떨어져 사는 사람들이 1천만 명에 이릅니다. 이러한 비극적인 냉전상황과 전쟁의 참상을 알리기 위해 KBS에서는 특별 생방송 '이산가족을 찾습니다'를 기획했습니다.

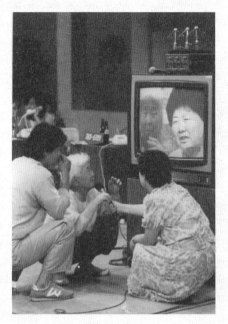

이산가족 찾기 장면(출처: KBS)

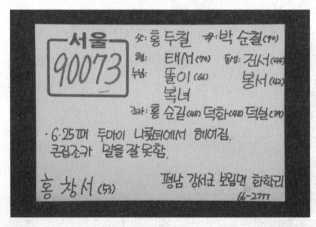

이산가족기록물(출처: KBS)

전 국민이 울고 웃었다고?

KBS 특별 생방송 '이산가족을 찾습니다'는 각계각층 국민들의 참여와 공감을 이끌어 냈습니다. KBS는 방송에서 수신 위치에 머무르던 국민들의 직접 접근을 허용함으로써 10만 명이 넘는 시청자들의 참여를 이끌어 냈습니다.

신청접수 전화만도 하루에 6만 통에 이르렀습니다. 이는 세계 방송 역사상 유례가 드문 획기적인 사건이었습니다. 매일 전파를 통해 전해지는 평범한 이웃들의 상봉 장면을 통해 전 국민은 이산가족과 함께 울었고 아물지 않은 전쟁의 상처에 몸서리를 쳐야 했습니다.

한국갤럽조사연구소가 1983년 10월 10일부터 20일까지 전국의 1천4백 50가구를 무작위로 추출하여 개별면접을 실시한 결과, 전체 조사대상자 중 53.9%가 이산가족 찾기 방송을 새벽 1시까지 시청한 적이 있고 이 프로그램을 보면서 눈물을 흘린 적이 있다는 사람은 88.8%에 달했습니다.

프로그램이 진행되는 동안 여의도광장 곳곳에서는 몇 날 며칠 밤을 지새우다 어렵사리 만난 가족들이 "엄마야…" "아버지!" "형님, 누님!"을 외치며 끌어안은 채 흐느끼는 모습을 쉽게 찾아볼 수 있었습니다.

같은 대한민국에 살고 있으면서도 소식을 알 수 없어 애만 태우던 이산가족이 이렇게 많을 줄 어찌 상상이나 했겠습니까? 미국, 일본, 중국 등 각 나라에 흩어져 살고 있던 이산가족들도 이 프로그램에 눈과 귀를 기울여 잃어버린 가족을 찾곤 했답니다.

방송 3일째부터는 학생·주부·일반시민들 주축으로 안내, 의료봉사, 신청서 대필 등의 자원봉사가 시작되었고, 컬러TV, 공중전화, 이동화장실, 기차표, 생수, 빵, 라면, 부채, 수건 등을 기탁하는 개인과 기업체의 후원도 줄을 이었습니다. 각 기업체의 이산가족 상봉신청자에게는 특별휴가가 부여되기도 하였습니다.

이산가족끼리 상봉을 했다고?

넉 달 동안 전국을 온통 눈물바다로 만든 이 프로그램은 국제적으로도 큰 관심을 불러일으켜 로이터 등 세계 4대 통신사와 각국의 일간지, 방송사들이 연일 대서특필했지요. 오죽했으면 당시 로널드 레이건 미국 대통령도 이 프로그램을 언급하며 이산가족 상봉을 위한 북한의 협조를 촉구했겠습니까? 대한적십자는 즉각 남북적십자회담 재개를 요청했고 이런 노력의 결과로 1985년 9월 역사적인 남북 이산가족상봉이 최초로 이루어졌습니다.

이산가족기록물(출처: KBS)

이산가족기록물 보관 장면(출처: KBS)

「KBS 특별 생방송 이산가족을 찾습니다」 기록물은 TV라는 매체가 탄생한 이후 최대 규모의 대중의 참여와 접근을 보장한 기록이라는 데 역사적 의의가 있으며, 방송 역사상 전례를 찾아볼 수 없는 장기 캠페인이었습니다. 전쟁과 분단을 겪은 나라는 많지만 전쟁의 아픔과 상흔을 TV를 통해 이처럼 가장 처절하게 표현한 프로그램은 「KBS 특별 생방송 이산가족을 찾습니다」가 유일합니다.

본 방송의 녹화 원본테이프 463개는 KBS의 단독 저작권 관리로 유일본이며 외부 복제는 불가합니다.

상봉 신청명단 총 100,952건은 7권의 책자에 빠짐없이 수록되어 있습니다. 또한 방송출연자들이 친필로 적은 신청접수 대장과 사연판 등 2만여 건이 원본으로 보관되어 있습니다.

기록유산명	KBS 특별생방송 '이산가족을 찾습니다'
세계기록유산 등재	2015년
만들어진 시기	1983년
우리나라 문화재 지정 종목	-
소장 위치	KBS 한국갤럽조사연구소 국가기록원
홈페이지	http://www.kbs.co.kr http://www.gallup.co.kr http://www.archives.go.kr

KBS(출처: 국토정보지리원)

국가기록원(출처: 국토정보지리원)

한국갤럽조사연구소(출처: 국토정보지리원)

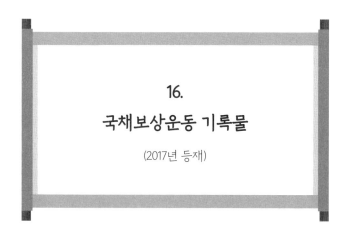

16.
국채보상운동 기록물

(2017년 등재)

일제강점기가 되기 직전 국가상황을 보여 주는 기록물이라고?

20세기 후반에서 21세기 초반, 외채상환문제는 선진국과 후진국 간의
제국주의, 독점자본주의 문제로 발생하게 되었습니다.

그게 무슨 말이냐면 선진국에서는 엄청난 경제발전으로 모든 제품의
공급이 초과하는 현상이 벌어졌는데 이를 해결하기 위해 후진국들을 대
상으로 물건을 팔고, 값싼 원자재의 공급처로 삼았기 때문입니다. 대한제
국도 일본에게 엄청난 규모의 빚을 지게 되었고 그것을 빌미로 일본은 지
배력을 강화하였습니다.

국채보상운동 기록물은 국가가 진 빚을 국민이 갚기 위해 1907년부터 1910년까지 일어난 국채보상운동의 전 과정을 보여 주는 기록물입니다.

용돈을 아껴가며 나랏빚을 갚았다고?

당시 남자들은 술과 담배를 끊고, 여자들은 반지와 비녀를 내놓았고, 기생과 걸인, 심지어 도적까지도 기부금을 내는 등 국가가 일제에게 진 외채를 갚기 위해 전 국민의 약 25%가 이 운동에 자발적으로 참여하였습니다.

하지만 국채보상운동이 전국적으로 확산되자 일제의 방해로 실패로 돌아갔습니다.

세계적인 국채보상운동이라고?

한국의 국채보상운동은 영국 신문에 의해 서방세계로 알려지게 되었습니다. 또한 1907년 네덜란드 헤이그에서 열린 '제2차 만국평화회의'에서 한국의 국채보상운동을 알림으로써 전 세계에 알려지게 되어, 외채로 시달리는 다른 피식민지국에 큰 자극이 되었습니다.

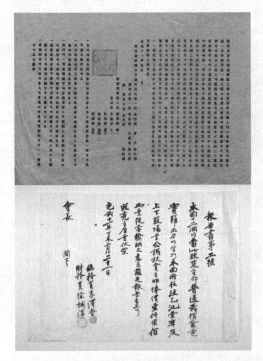

국채보상운동 관련 기록물(출처: 한국국학진흥원)

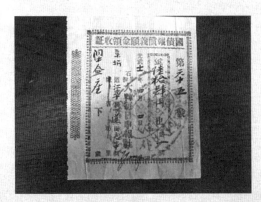

국채보상운동 관련 기록물(출처: 국채보상운동기념사업회)

국채보상회 사통 및 취지서(출처: 국채보상운동기념사업회)

그 후 중국(1909년), 멕시코(1938년), 베트남(1945년) 등 제국주의 침략을 받은 여러 국가에서도 한국과 거의 유사한 방식으로 국채보상운동이 연이어 일어났습니다. 다만 한국의 국채보상운동은 이후에 일어난 운동과 비교하여 시기적으로 가장 앞섰으며 가장 긴 기간 동안 전 국민이 참여하는 국민적 기부운동이었습니다. 또한 당시의 역사적 기록물이 유일하게 온전하게 보존되어 있다는 점에서도 역사적 가치가 큽니다.

국채보상운동을 기억하기 위해
세워진 공원도 있다고?

대구광역시 중구 동인동 2가에 국채보상운동기념공원이 있습니다. 국채보상운동이 1907년 2월, 대구에서 시작되었기 때문입니다. 1999년 조성된 이 공원은 대구 시민이 즐겨 찾는 휴식처 중 한 곳으로, 국채보상운동의 정신을 기리기 위해 만들어졌습니다.

국채보상운동기념공원

또 한번의 국채보상운동이 있었다고?

1998년, 우리나라에서 제2의 국채보상운동이 일어났습니다. 당시 한국은 'IMF 사태'라는 경제 위기를 맞았고, 우리 국민은 다 함께 '금 모으기 운동'을 벌였습니다. 국가 부도라는 위기 상황에서 국민은 금반지, 금수저 등 각자 가지고 있던 금품을 내놓으며 나랏빚을 갚기 위해 노력했습니다.

금모으기운동 장면(출처: 네이버)

전국적으로 350만 명에 달하는 사람들이 금 모으기 운동에 참여하였습니다. 사람들은 장롱 속에 고이 간직해 두었던 금붙이를 은행으로 가져갔고 무려 227t의 금이 모였습니다. 네 가구당 한 가

구꼴로 평균 65g의 금을 내놓은 셈입니다. 모인 금은 당시 시세로 21억 7000만 달러에 달했다고 합니다.

나라가 어려울 때 함께 힘을 합치는 우리 민족의 단결성은 세계적인 이슈가 되기도 했답니다.

기록유산명	국채보상운동 기록물
세계기록유산 등재	2017년
만들어진 시기	1907년~1910년
우리나라 문화재 지정 종목	-
소장 위치	한국금융사박물관, 국사편찬위원회, 국가기록원 독립기념관, 국립고궁박물관, 한국연구원 국채보상운동기념사업회, 서울대학교 중앙도서관 고려대학교 도서관, 연세대학교 학술정보원 등
홈페이지	이책의 2장, '대한민국 기록유산은 어디서 보관하고 있을까?'에서 안내

국립고궁박물관(출처: 국토정보지리원)

고려대학교 서울캠퍼스 과학도서관(출처: 국토정보지리원)

국가기록원(출처: 국토정보지리원)

국사편찬위원회(출처: 국토정보지리원)

국채보상운동기념관(출처: 국토정보지리원)

독립기념관(출처: 국토정보지리원)

서울대학교 관악캠퍼스 중앙도서관(출처: 국토정보지리원)

연세대학교 학술정보원(출처: 국토정보지리원)

한국금융사박물관(출처: 국토정보지리원)

17.
조선왕실 어보와 어책

(2017년 등재)

어보와 어책이 뭐야?

어보와 어책이라는 단어가 생소할 텐데 다음 사진을 한번 보겠습니다.

어보(御寶)는 왕과 왕비, 왕세자 등이 사용하는 왕실의 의례용 도장이자 국가와 왕권을 상징하는 예물을 말합니다. 금과 은, 옥 등에 왕과 왕비의 덕을 기리는 '존호'나 왕실 인물이 세상을 떠난 후 그의 공덕을 칭송하는 '시호'를 새겨 넣어 만듭니다.

어책(御册)은 세자와 세자빈을 책봉할 때나 비와 빈에게 직위를 하사할 때 내린 교서를 의미합니다.

이 어보와 어책을 합쳐 '책보(册寶)'라 부릅니다.

어보와 어책(출처: 국립고궁박물관)

어보와 국새의 차이점은?

국새	국가의 공식 문서를 찍는 국왕의 행정용 인장 (ex. 왕자의 난 이후 태조 이성계가 국새를 넘겨주지 않았던 태종 이방원의 일화)
어보	왕실 사람들의 위호와 명호를 새긴 의례적 성격의 인장. 쉽게 말해 임금이 죽은 뒤 종묘에 안치하기 위해 제작한 것이기 때문에 생전에 사용한 도장은 아님 (각종 의례용으로 제작되어 국새보다 수량이 많음. 높이 9.6㎝, 무게도 4㎏에 달할 정도로 매우 큼)

어보와 어책 즉, 책보는 조선 제3대 왕 태종이 집권하던 1392년부터 순종의 비 순정효황후가 숨진 1966년까지 약 570여 년 동안 제작되고 보관되었습니다. 조선왕조 600여 년간 지속적으로 제작된 책보는 아주 귀중한 왕실의 재산으로 여겨졌습니다.

왕권의 정통성과 권위 등을 의미하는 물건이라고?

책보는 조선왕실의 사당인 종묘(宗廟)에 신주(神主)와 함께 소중히 봉안됐답니다. 하지만 일제강점기와 6·25 전쟁 등을 거치면서 분실되거나 일본과 미국에 유출되는 등 많은 수난을 겪었습니다.

책보는 그 용도가 의례용으로 제작되었지만 거기에 쓰인 보문과 문구의 내용, 작자, 문장의 형식, 글씨체, 재료와 장식물 등은 매우 다양하여 당대의 정치, 경제, 사회, 문화, 예술 등의 시대적 변천상을 반영하고 있기 때문에 한국의 책보만이 지닐 수 있는 매우 독특한 세계기록유산으로서의 가치가 매우 큽니다.

왕조의 영원한 지속성을 상징하는 어보와 어보를 설명한 어책은 현재의 왕에게는 정통성을, 사후에는 권위를 보장하는 신성성을 부여함으로써 성물(聖物)로 숭배되었습니다. 이런 면에서 볼 때 책보는 왕실의 정치적 안정성을 확립하는 데 크게 기여하였음을 알 수 있습니다. 이것은 인류문화사에서 볼 때 매우 독특한(unique) 문화양상을 표출하였다는 점에서 그 가치가 매우 높은 기록문화유산이라 할 수 있습니다.

(앞) 문정왕후어보, (뒤) 현종어보(출처: 국립고궁박물관)

(왼쪽) 현종어보, (오른쪽) 문정왕후어보(출처: 국립고궁박물관)

그랜드슬램이라고?

한편, 종묘가 1995년 세계문화유산으로 종묘제례와 종묘제례악이 2001년 세계무형유산으로 등재된 데 이어, 지난해 10월 어보 331점과 어책 338점까지 유네스코 세계기록유산에 등재됐습니다. 이로써 종묘는 건물과 제례, 소장품이 유네스코 3대 세계유산 목록에 모두 오르게 되는 '그랜드슬램'의 쾌거를 일궜답니다. 이는 세계적으로도 유례가 없는 일이랍니다.

국립고궁박물관 특별전시(출처: 국립고궁박물관)

기록유산명	조선왕조 어보와 어책
세계기록유산 등재	2017년
만들어진 시기	조선시대~근대
우리나라 문화재 지정 종목	-
소장 위치	국립고궁박물관 국립중앙박물관
홈페이지	www.gogung.go.kr www.museum.go.kr

국립중앙도서관(출처: 국토정보지리원)

국립고궁박물관(출처: 국토정보지리원)

18.
조선통신사 관련 기록물

(2017년 등재)

조선과 일본은 떼려야 뗄 수 없는 관계라고?

2018년부터 조선통신사 기록물의 유
네스코 세계기록유산 등재 기념으로 목
포와 부산에서는 조선통신사 행렬을 재
현하고 있습니다.

조선통신사 축제 홍보물

조선통신사는 1607년(선조 40)부터
1811년(순조 11)까지, 일본 에도 막부의
초청으로 12회에 걸쳐 조선국에서 일본

국으로 파견되었던 외교사절단을 말하는데 이는 200여 년간 이어진 한일 교류의 상징이며 이를 후손들이 재현하는 것입니다.

한국과 일본 양국 간의 교류가 있었던 역사적 사실에 대한 기록물을 지난해 유네스코에 공동으로 신청하여 세계기록유산으로 등재가 확정되었습니다.

한국의 세계기록유산의 목록 중 조선과 일본의 관계를 기록해 둔 기록은 난중일기와 국채보상운동 그리고 조선통신사 기록물까지 3개가 일본과 직접적인 관련이 있습니다. 그만큼 한국은 일본과 떼려야 뗄 수 없는 관계라는 것입니다.

일본까지 가는 데 8개월이 걸렸다고?

조선통신사는 16세기 말 일본의 침략전쟁이었던 임진왜란으로 끊어졌던 조선과 일본의 관계를 회복하고 두 나라 간 평화를 유지하는 데 큰 역할을 했습니다.

통신사의 편성 인원은 회마다 300~500명이었습니다. 조선통신사가 이동한 거리는 보통 3,000㎞가 넘었습니다. 지금은 비행기를 타면 1시간이

면 가는 거리이지만 말입니다. 행렬의 규모가 컸고 도보로 가는 외교행사였기 때문에 5~8개월 정도의 수행기간이 소요되었습니다.

조선통신사 행렬도(출처: 국사편찬위원회)

조선통신사 이동 경로(출처: 두피디아)

한류의 원조라고?

수도 한성(漢城, 서울)에서 부산까지는 내륙 길로, 부산에서 대마도를 거쳐 오사카까지는 바닷길로, 오사카에서는 다시 내륙 길로 에도(江戸, 현재 일본 수도인 도쿄)까지 왕래하였습니다. 부산에서부터 쓰이는 통신사 파견 비용은 일본이 모두 부담했는데 이는 에도막부의 1년 예산과 맞먹었습니다.

그리고 통신사 행렬도를 보면 일본의 대우가 아주 깍듯한 모습으로 표현되어 있어 한류(韓流)의 원조라고 할 수 있습니다.

조선통신사 환대 장면(출처: 국사편찬위원회)

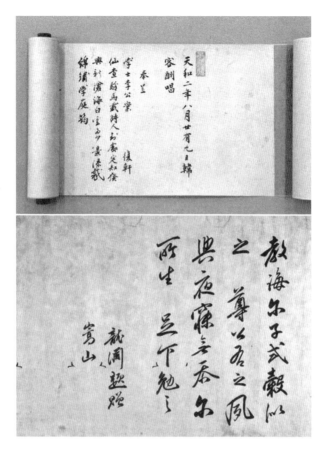

조선통신사기록물(출처: 국사편찬위원회)

대마도의 한국전망대에는 1703년 배가 침몰하며 목숨을 잃은 통신사절
단 108명의 이름을 새긴 위령비가 건립돼 있기도 합니다.

교류문화를 상징한다고?

조선통신사 기록물에는 비참한 전쟁을 경험한 양국이 평화로운 시대를 구축하고 유지해 가는 방법과 지혜가 응축되어 있으며, 성신교린을 공통의 교류 이념으로 대등한 입장에서 상대를 존중하는 이민족 간의 교류가 구현되어 있습니다.

다양한 외교 문제를 해결하였고, 학술 예술, 산업, 문화 등 여러 분야에 걸쳐 활발한 교류와 성과를 거두었습니다.

그 결과, 양국은 물론 동아시아 지역에도 정치적 안정이 이루어졌고, 안정적인 교역루트도 장기간 확보할 수 있었던 사실을 알 수 있기 때문에 역사적 의미가 커 2017년에 세계기록유산으로 등재되었습니다.

기록유산명	조선통신사 기록물
세계기록유산 등재	2017년
만들어진 시기	조선시대
우리나라 문화재 지정 종목	-
소장 위치	서울대학교 규장각 한국학연구원 국립중앙도서관 국사편찬위원회 외 25곳
홈페이지	이책의 2장, '대한민국 기록유산은 어디서 보관하고 있을까?'에서 안내

국립중앙도서관(출처: 국토정보지리원)

국사편찬위원회(출처: 국토정보지리원)

서울대학교 규장각한국학연구원(출처: 국토정보지도원)

북한의 세계기록유산 – 무예도보통지

(2017년 등재)

▷ 조선시대 실전용 훈련서라고?

『무예도보통지』는 1790년 정조(22대)가 직접 편찬을 명해 간행된 조선 후기 종합 무예 교본입니다.

검서관이었던 이덕무, 박제가 등이 정조의 명령으로 1598년(선조 31) 편찬된『무예제보』, 1759년(영조 35)에 간행된『무예신보』의 내용을 합하고 새로운 기술을 더하여 창술 6가지, 검술 10가지, 방패술이나 표창, 권법 및 기타 무기류 등 24종의 무예 기술을 그림과 함께 설명한 점이 특징입니다.

당시에는 사진, 동영상 기술이 없었기 때문에 전투 동작 하나하나를 그림과 글로 해설하여 책을 보고 동작을 익히고 훈련할 수 있도록 하였습니다.

특히, 한자로 된 책을 만든 뒤 곧바로 한글로 책을 만들었습니다. 이는 누구나 무예를 쉽게 익힐 수 있게 하기 위함이었습니다. 또한 주변 나라의 침입을 대비하여 중국, 일본의 도서를 참고한 뒤 그들의 무예도 수록하였습니다.

무예도보통지(출처: 규장각한국학연구원)

▷ 정조가 군사력을 중요하게 생각했다고?

"장용영에서 군사들이 훈련할 수 있는 실용적인 무예서를 만들라!

왕을 호휘함은 물론 적이 침입했을 때 실제 전투에서
적군을 상대할 수 있도록 해야 한다."

– 정조 『일성록』 중에서

정조는 재위 기간 내내 군사력을 아주 중요하게 생각했습니다.
정약용이 설계하여 수원화성을 만들어 정조가 창설한 군부대 장
용영과 직접 군사훈련을 지휘하기도 하였습니다.

무예도보통지(출처: 규장각한국학연구원)

▷ 『**무예도보통지**』는 우리나라에도 보관되어 있다고?

국내에는 서울대 규장각한국학연구원, 한국학중앙연구원, 국립
중앙도서관 등에서 같은 책을 보유하고 있습니다.

다만 북한이 세계기록유산 등재 신청 과정에서 우리나라와 협의 없이 기습으로 세계기록유산으로 신청하였으며『무예도보통지』가 현대 북한 태권도의 원형이 됐고, 김홍도가 삽화를 그렸다고 강조한 점은 학계에서 공인되지 않은 주장이라는 지적이 나오고 있습니다.

하지만 당시 외국의 무예까지 섭렵하여 도감을 수록한『무예도보통지』는 전통무예의 백과사전과 같은 책입니다. 현대의 다른 나라 무예 전문가들도『무예도보통지』의 뛰어남과 그 가치에 대하여 높이 평가하고 있습니다.

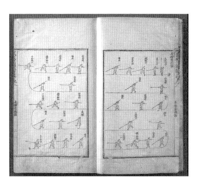

무예도보통지(출처: 규장각한국학연구원)

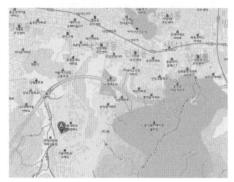

서울대학교 규장각한국학연구원(출처: 국토정보지리원)

한국학중앙연구원(출처: 국토정보지리원)

국립중앙도서관(출처: 국토정보지리원)

2장

대한민국 기록유산은 어디서 보관하고 있을까?

1.
세계기록유산
보유 기관

우리나라에는 유네스코에서 지정한 세계기록유산이 16개가 있지만 어디에 어떻게 보관되어 있는지 그리고 어떻게 접근하여 열람할 수 있는지 아는 사람은 드뭅니다. 학교에서는 세계기록유산의 내용까지만 알려 주고 활용방법은 시험에 나오지 않으니 말입니다. 필자는 학부와 대학원 과정을 통해 공공기관에서 기록물을 관리하는 업무를 하고 있지만 기록물 관리의 정체성에 대해 늘 고민을 하고 있습니다.

몇 달 전, 공공기관에서 발주하는 용역 사업 평가위원으로 참석하였습니다. 용역 사업 평가에 참석하셨던 위원들은 지역의 저명하신 사학과 교수, 그리고 문헌정보학과 교수들이었는데 기관에서 필요한 용역 사업에 대한 코멘트도 많았고 질문들도 날카로웠습니다. 기록학을 전공하고 관련 업무를 하고 있지만 저는 그들 틈에 끼어들 수가 없었습니다.

기록물 관리 전문가로 용역 사업의 평가위원으로서 온 것이 과연 적절하였는지, 평가회가 끝나고 집으로 돌아오는 길에 '과연 우리 직업이 전문적으로 할 수 있는 일은 무엇일까?' '내가 살아가는 동안 최고의 업적이나 성과가 무엇일 수 있을까?' 고민하였습니다.

그리고 각 기관에서 보유하고 있는 유네스코에서 지정한 기록유산에 대한 접근성을 국민들에게 안내해 주는 메신저의 역할을 해야겠다고 결심하였습니다.

공공기관에서 기록물 관리란 단순하게 문서의 관리나 문서고지기가 아니라, 이용자와 소통하며 전문성을 활용하는 직업으로 국가 예산을 들여 전산화되어 있는 기록을 국민들이 많이 볼 수 있도록 문화를 형성해 주는 것이라고 생각하고 이것이 기록물관리전공이 앞으로 나아가야 하는 정체성이라고 생각하였습니다.

그래서 생각한 것이 대한민국 세계기록유산을 최대한 많은 국민들이 이용할 수 있도록 지식링크플랫폼을 만들어 보는 것을 목표로 하였습니다.

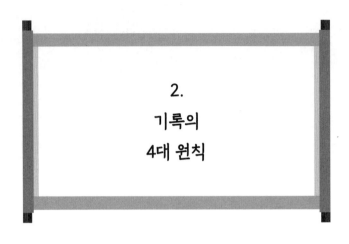

2.
기록의
4대 원칙

일반 문서가 기록물로 인정을 받으려면 4대 원칙이 유지되어야 합니다. 국제표준(ISO15489)에 명시가 되어 있는 것으로 진본성, 무결성, 신뢰성, 이용가능성이 있습니다.

• 진본성: 콘텐츠(내용)와 컨테이너(틀)가 일치하는 여부. 예를 들어 조선시대에 문서가 만들어진 달력의 일자와 실제 생산된 문서의 일자가 일치하는지가 핵심. 원래 의도하였던 상태를 유지함으로써 생산자, 생산시점 등을 입증

• 신뢰성: 그 사람이 생산했는지 신뢰받는 도구로 생산했는지

여부, 업무활동 사실 등의 정확한 표현물로 신뢰할 수 있는 상태 품질

- 무결성: 허가 받지 않은 변경으로부터 기록물을 보호하는 정책 및 절차를 수행할 수 있도록 기록물을 보유하는 내내 실행 (감사증적, 워터마킹, 장기보존포맷 등)

- 이용가능성: 메타데이터가 잘 관리되어 이용자들이 쉽게 활용할 수 있는지, 기록을 찾을 수 있고 제시할 수 있고 해석할 수 있어 기록물을 이용할 수 있는 상태

세계기록유산이 대단한 건 모두 알고 있지만 원본의 안전한 보존을 위해 각 기관마다 원본 열람을 제한하고 국민들이 직접 보지 못해 활용하지 못하면 기록으로써는 문화적 가치가 떨어질 것입니다.

대한민국은 세계기록유산 16종류를 보유하고 있으며 전국 각 기관에 흩어져 보관하고 있습니다. 조상들의 기록유산을 이해하려면 시간과 노력이 필요합니다. 기록유산 컬렉션을 이해하려면 내용도 방대하고 종류도 많아 어렵습니다.

국민이 활용하지 못한다면 과연 기록물로 인정받을 수 있을까요? 기록

관리의 궁극적인 목적은 활용입니다. 조상들의 기록유산을 보관하고 있는 소장기관에서 기록유산의 전시실을 구축하거나 원본을 스캔하고 색인을 작성해서 분류번호를 부여하는 아카이빙(Archiving)을 구축하였지만 어떻게 활용하는지 그리고 어떻게 검색하는지는 부모님도 학교에서도 알려주지 않습니다.

이 책이 세계기록유산을 보유하고 있는 기관의 아카이빙을 통해 기록유산을 누구나 쉽게 활용하도록 하고, 역사를 쉽고 효과적으로 이해하는 간접체험의 교육 자료로 사용되었으면 합니다.

3.
5·18 민주화운동 기록관

(1980년 인권기록유산 5·18 민주화운동 기록물 소장)

5·18 민주화운동 기록관은 「5·18 민주화운동 등에 관한 특별법」 제5조 및 「5·18 민주유공자예우에 관한 법률」 제61조에 따라 5·18 민주화운동 기록물을 영구보존하고 전시하기 위해 설립되었습니다.

5·18 민주화운동은 1980년 5월 18일부터 열흘간 전라남도 광주에서 촉발된 항쟁, 항거운동으로 대한민국을 지금의 민주주의 국가로 만든 역사적 운동입니다.

세계기록유산 보유 목록

5·18 민주화운동 기록관에서는 총 9개의 주제로 기록물의 종류를 구분할 수 있으며, 각 종류별 기록물 목록은 5·18 기록관 홈페이지에서도 확인할 수 있습니다.

(홈페이지: www.518archives.go.kr)

5·18 민주화운동 관련 기록물은 전 세계적으로 흩어져 있으며 5·18 민주화운동 기록관에는 세 종류의 기록물을 보유하고 있습니다.

번호	종류	보유 수량	관리소장처
1	공공기관이 생산한 5·18 민주화운동 자료	25건	국가기록원
2	군사법기관의 재판자료와 김대중 내란음모사건 자료	5권	육군본부
3	시민들이 생산한 성명서, 선언문, 취재수첩, 일기	21건 (8권, 46쪽)	광주광역시 5·18 민주화운동 기록관
4	흑백필름, 사진자료	2,017컷, 1,733점	광주광역시 5·18 민주화운동 기록관

5	시민들의 기록과 증언	총 1,472명의 증언 기록	5·18기념재단, 전남대5·18연구소, 천주교광주대교구 정의평화위원회, YMCA, 국사편찬위원회
6	피해자들의 병원 치료기록	총 31권 12,766쪽	광주광역시 5·18 민주운동 기록관
7	국회의 5·18 광주민주화운동 진상조사 회의록	5권	국회도서관
8	국가의 피해자 보상 자료	3,880권 695,336쪽	광주광역시
9	미국의 5·18 관련 비밀해제 문서	3,471쪽	미국 국무부, 국방부, CIA

전산화(DB) 구축 여부 및 아카이빙 접근 방법

모든 자료는 아니지만 주요 기록물의 경우에는 5·18 기록관 홈페이지 전자자료 총서를 이용하여 기록물 내용을 확인할 수 있습니다.
(홈페이지: www.518archives.go.kr)

⟨5·18 민주화운동 기록물 검색 방법⟩

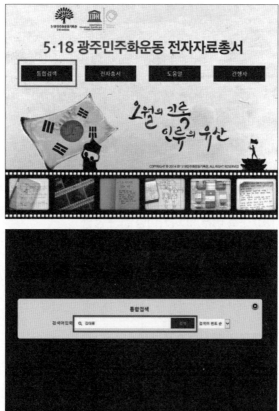

(출처: 5·18 민주화운동 기록관 홈페이지)

세계기록유산의 경우 DB구축은 되어 있으나 일기, 치료 기록으로 열람을 신청해야 서비스가 가능합니다. 세계기록유산 컬렉션 서비스 사업은 2020년에 진행 예정입니다.

실물 접견 가능 여부

5·18 기록물의 경우 개인정보보호법에 의거해 재판, 병원 치료 기록, 보상 기록 등은 열람이 제한되고 있습니다. 또한 기록물 보존을 위하여 대체본(원문이미지, 복제본 등) 열람을 원칙으로 하고 있습니다.

관람 안내

- 관람시간: 09:00~17:30
- 관람료: 무료
- 위치: 광주광역시 동구 금남로 221

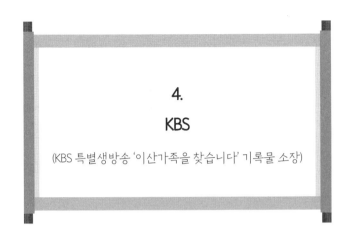

4.
KBS

(KBS 특별생방송 '이산가족을 찾습니다' 기록물 소장)

KBS(Korean Broadcasting System)는 1927년 경성방송국으로 국내 최초로 라디오 방송을 송출하기 시작해 해방 후 1947년 서울중앙방송으로 재출범하였습니다. 1961년 TV 방송을 시작했으며 1973년 한국방송공사로 공영방송 체제를 갖춰 오늘에 이르고 있습니다. 이는 방송법 제43조 제1항에 따라 공정하고 건전한 방송문화를 정착시키고 국내외 방송을 효율적으로 실시하기 위함입니다.

이에 따라 사회 환경 감시 및 비판, 여론형성, 민족문화창달이라는 언론의 기본적 역할을 수행함과 동시에 모든 시청자가 지역과 주변 여건에 관계없이 양질의 프로그램을 제공받을 수 있도록 서비스를 제공하고 있습니다. 이렇게 제작된 프로그램들 국내는 물론 전 세계 곳곳으로 방송함으로써 우리 문화의 우수성을 널리 알리는 한편, 한국문화의 세계화에 기여하고 있습니다.

세계기록유산 보유 목록

1983년, 연속 특별 생방송 '이산가족을 찾습니다'는 텔레비전을 활용한 세계 최초, 최대 규모의 이산가족 찾기 프로그램으로, 전쟁과 분단 상태 속에서 이름 없는 민초들이 겪어야 했던 구구절절한 사연들을 생생한 영상으로 전달하였습니다. 1983년 6월 30일 밤 10시 15분부터 11월 14일 새벽 4시까지, 총 453시간 45분에 걸쳐 방송에 소개된 이산가족들의 상봉장면을 전량 실시간 녹화하였고 일자별로 테이프 463개에 생생하게 담아 보관중입니다.

세계기록유산명	종류	건 수
「KBS 특별 생방송 이산가족을 찾습니다」 기록물	영상 기록물	683
	음향 기록물	165
	종이 기록물	4,827
	사진 기록물	14,846
	기타(이산가족 찾기 운동 감사패)	1
	총 계	20,522

전산화(DB) 구축 여부 및 아카이빙 접근 방법

현재 이산가족 관련 전체 기록물에 대한 전산화 DB구축은 되어 있지 않고, 기록물 중 일부가 KBS 아카이브 홈페이지를 통해 간략한 설명 및 이미지 형태로 공개되고 있습니다. (홈페이지: family.kbsarchive.com)

〈이산가족을 찾습니다 기록물 검색 방법〉

(출처: kbsarchive 홈페이지)

또한, 방송 영상은 KBS 유튜브 채널 '옛날티비'를 통해 확인할 수 있습니다.

(유튜브: www.youtube.com/user/KBSArchive)

실물 접견 가능 여부

전시실은 운영하지 않고 있으나 일정 협의 후 KBS 수원 방송박물관에 방문하여 실물을 확인할 수 있습니다.

5.
국가기록원

(조선왕조실록, 새마을운동 기록물,
KBS 특별생방송 '이산가족을 찾습니다' 기록물,
국채보상운동 기록물 소장)

국가기록원은 대한민국의 공공기록물 관리를 총괄·조정하고 기록물을 영구 보존 및 관리하는 업무를 수행하는 행정자치부 소속의 행정기관입니다.

세계기록유산 보유 목록

국가기록원에서는 네 가지의 세계기록유산을 보유하고 있는데 조선왕조실록(1997), 새마을운동 기록물(2013), KBS 특별 생방송 '이산가족을 찾습니다' 기록물(2015), 국채보상운동 기록물(2017)입니다.

	세계기록유산명	등재일	주요 내용	소장처
1	조선왕조실록	1997. 10.1.	조선을 개국한 태조부터 철종까지 470여 년간 왕조의 역사 (국보 제151-1~4호) *정족산(1,181책), 태백산(848책), 오대산(27책), 상책(21책)	규장각한국학연구원 (정족산·오대산본) 국가기록원 (태백산본)
2	새마을운동 기록물	2013. 6.18.	개발도상국 발전 모델로서 유엔에서 빈곤퇴치, 농촌 개발의 모범 사례로 인정받은 새마을운동 (1970~1979)에 관한 정부·민간 기록물 *22,084건	새마을운동중앙회 (7,437건) 국가기록원 (14,647건)
3	KBS 특별 생방송 '이산가족을 찾습니다' 기록물	2015. 10.9.	KBS가 방영한 '이산가족을 찾습니다'(1983.6.30.~11.14.) 생방송 비디오 녹화 테이프, 프로듀서 업무수첩, 이산가족 신청서 등 *20,522건(문서/사진 등), 463건(녹화 원본 테이프)	KBS 국가기록원 한국갤럽 조사연구소
4	국채보상운동 기록물	2017. 10.31.	국가가 진 빚을 갚기 위해 1907~1910년에 일어난 국채보상운동의 과정을 보여 주는 기록물 *2,472건의 수기기록, 언론기록 등 국가기록원은 4건의 수기기록을 보유 중	서울대도서관 고려대도서관 한국금융사박물관 국사편찬위원회 국채보상운동 기념사업회 국학진흥원 독립기념관 한국연구원 역사박물관 국가기록원

실물 접견 가능 여부

국가기록원에서 보유하고 있는 세계기록유산 원본은 전산화 작업이 일부 되어 있으며 방문 열람과 온라인 사본 신청, 정보공개청구의 방법으로 기록물 사본을 수령할 수 있습니다.

전산화(DB) 구축 여부 및 아카이빙 접근 방법

홈페이지: http://www.archives.go.kr/

관람 안내

- 관람시간: 월~금 09:00~18:00(국경일/공휴일 제외)
- 관람료: 무료
- 위치: 대전광역시 서구 청사로 189, 정부대전청사 2동 국가기록원
  부산광역시 연제구 경기장로 28, 역사기록관(조선왕조실록 태백산사고본 보관)

〈국가기록원 기록물 검색 방법〉

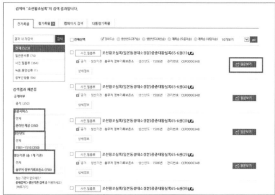

(출처: 국가기록원 홈페이지)

6.
국립고궁박물관

(조선왕조 의궤, 조선왕실 어보와 어책,
국채보상운동 기록물 소장)

국립고궁박물관(國立古宮博物館)은 조선왕조와 대한제국의 궁궐 유물들을 전문적으로 수집, 전시하는 문화재청 소속 박물관입니다. 서울 경복궁 경내 동쪽에 있으며 국가적 의례와 궁중의 실생활을 보여 주는 유물 4만여 점을 소장하고 있습니다. 국립고궁박물관의 유물과학과는 오래된 유물들에 대한 보존, 복원, 복제를 맡고 있으며, 수장고를 관리하고, 왕실 문화 정보들을 도록으로 발간하거나 데이터베이스로 구축하는 일을 하고 있습니다.

세계기록유산 보유 목록

고궁박물관에서 보유하고 있는 세계기록유산은 2종으로 대구국채보상 기록물과 어보, 어책입니다.

고궁박물관에는 조선왕조『의궤』도 보관되어 있지만 세계기록유산으로 등재되어 있지 않습니다. 그 이유는『의궤』가 세계기록유산으로 등재된 것은 2007년이며, 국립고궁박물관 소장『의궤』는 2011년 일본에서 환수 되었기 때문에 등재되지 않았습니다.

세계기록유산명	등재연도	보유량
대구국채보상	2017	대한매일신보(등록문화재 제509-2호) 1건 (1907.2.21.~6.9. 기간 동안 총 639건의 기사)
어보와 어책	2017	어보 322점 교명 28점 옥책 257점 죽책 39점 금책 3점 등 총 649점
조선왕조 의궤	미등재	총 80조 133책

전산화(DB) 구축 여부 및 아카이빙 접근 방법

국채보상운동 기록물과 관련된 대한매일신보는 '대한민국 신문 아카이브'에서 자료를 열람할 수 있습니다. (홈페이지: www.nl.go.kr)

〈국채보상운동 기록물 검색 방법〉

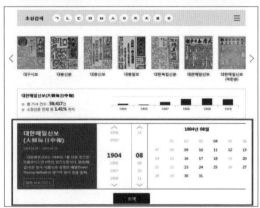

(출처: 대한민국 신문 아카이브 홈페이지)

어보와 어책은 고궁박물관 홈페이지 소장품 검색을 통해 원하는 자료를 열람할 수 있습니다. (홈페이지: www.gogung.go.kr)

〈어보와 어책 검색 방법〉

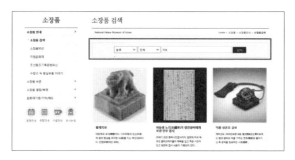

(출처: 국립고궁박물관 홈페이지)

이중 어책 총 327점 중 266점을 열람할 수 있습니다. 나머지 유물은 연내에 업로드할 예정입니다.

조선왕조 『의궤』는 '박물관 홈페이지>소장품>지정문화재'에서 확인할

수 있으며, 원본은 '박물관 홈페이지>소장품>조선왕조기록문화유산'에
서 검색하여 원하는 자료를 열람할 수 있습니다.

(홈페이지: www.gogung.go.kr)

<의궤 검색 방법>

(출처: 국립고궁박물관 홈페이지)

실물 접견 가능 여부

2019년 현재 규모는 지상 2층, 지하 1층, 총 관리연면적 1만739㎡. 주요 시설로는 7개의 상설전시실과 기획전시실, 수장고실 등이 있습니다. 지하 1층에는 '궁중서화', '왕실의례', '과학문화' 전시실이 있고, 지상 1층에는 '대한제국' 전시실이 있으며, 지상 2층에는 '조선의 국왕', '조선의 궁궐', '왕실생활' 전시실이 있습니다. 이들 7개 상설전시실에는 950여 점의 왕실 유물이 상설전시되고 있어 언제든지 박물관 개관 시 입장하여 실물을 볼 수 있습니다.

관람 안내

- 관람시간: 10:00~18:00, 수·토 10:00~21:00 (휴관일 없음)
- 관람료: 무료
- 위치: 서울 종로구 효자로 12 국립고궁박물관

7.
국립중앙도서관

(조선왕조 의궤, 동의보감,
조선통신사에 관한 기록물 소장)

대한민국의 모든 문헌을 수집, 정리, 보존하며 이를 국민에게 열람시켜 조사·연구·학습·교양·레크리에이션 기타 사회교육에 기여함을 목적으로 개관한 국가 중앙도서관으로 국립중앙도서관의 기능은 ① 국내의 모든 간행물을 납본(納本)받아 최대한 수집·보관, ② 외국간행물의 광범위한 수집 및 보관, ③ 국내 각급 도서관과의 긴밀한 협조체제구축 및 지도·육성, ④ 외국의 중요 도서관, 문화기관과의 교류 및 자료의 상호 교환, ⑤ 도서관의 진흥을 촉진하기 위한 조사와 연구, ⑥ 도서관 문헌정보의 중심으로서 그 지도와 육성 담당, ⑦ 사서교육의 일익을 담당, 그 실무교육을 실시하여 자격을 부여하는 것입니다.

2019년 현재 소장자료는 약 1223만여 권으로 고문헌이 28만여 권, 국내
도서 869만여 권, 국외도서 148만여 권, 비도서 173만여 권입니다.

세계기록유산 보유 목록

국립중앙도서관에서는 세계기록유산 조선통신사에 관한 기록물 9점
36책과 『동의보감』 1점 25책 총 51책과 조선왕조 『의궤』 2종 3책을 보유하
고 있습니다.

세계기록유산명	자료명	책수	청구기호
조선통신사에 관한 기록물	해행총재(海行摠載)	24	한貴古朝90-2
	부상록(扶桑錄)	2	한貴古朝63-11
	일관창수(日觀唱酬)	2	古貴3644-7
	일관시초(日觀詩草)	2	古貴3644-8
	명사록(溟槎錄)	1	古貴3653-17
	계미수사록(癸未隨槎錄)	1	승계古貴3653-40
	청산도유록(清山島遊錄)	1	한貴古朝93-85
	인조2년통신사행렬도 (仁祖2年通信使行列圖)	1	한貴古朝51-나107
	동사창수집(東槎唱酬集)	2	한貴古朝51-나150
동의보감	동사창수집(東槎唱酬集)	25	한貴古朝68-3

조선왕조 의궤	조경단준경묘영경묘영건청의궤 (광무삼지오년) 肇慶壇濬慶墓永慶墓營建廳儀軌 (光武三至五年)	2	한貴古朝29-95
	조경단준경묘영경묘영건청의궤 (肇慶壇濬慶墓永慶墓營建廳儀軌)	1	한貴古朝71-5

전산화(DB) 구축 여부 및 아카이빙 접근 방법

국립중앙도서관에서 자료에 접근하기 위해서는 다음 사이트에 접속하면 됩니다. (홈페이지: www.nl.go.kr)

〈국립중앙도서관 기록물 검색 방법〉

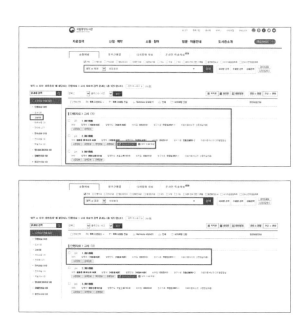

(출처: 국립중앙도서관 홈페이지)

실물 접견 가능 여부

먼저 국립중앙도서관 홈페이지에 접속하여 장서 목록을 검색한 뒤 '고문헌자료실 소장자료' 표시가 있다면 신청 후 실물을 열람할 수 있습니다.

하지만 『의궤』와 같이 디지털열람실에서만 검색이 되는 경우는 실물을 볼 수 없고 인터넷으로만 검색 활용이 가능합니다.

관람 안내

- 고문헌실 이용시간: 09:00~18:00(자료신청 09:00~17:00)
- 관람료: 무료
- 위치: 서울특별시 서초구 반포대로 201 국립중앙도서관

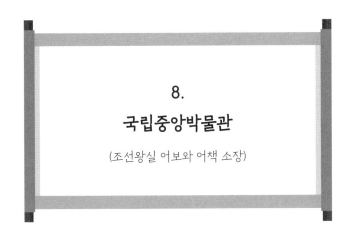

8.
국립중앙박물관

(조선왕실 어보와 어책 소장)

서울특별시 용산구에 위치한 한국의 가장 대표적인 최대 규모의 국립 박물관. 행정조직법상으로는 문화체육관광부의 소속기관입니다. 관람객 수는 아시아 1위, 세계 10위이며, 소장 유물 약 41만 점(2018.12.31. 기준)으로, 세계적으로도 상당한 규모에 속합니다.

박물관 및 미술관 진흥법 제10조 제3항에 따라 국립중앙박물관은 박물관 사업 외에도 국내외 문화재, 박물관 자료를 보존 및 관리하고, 국내 다른 박물관에 대해 지도·지원 및 업무 협조를 하며 국내 박물관 협력망을 구성하여 운영하거나 그 밖에 국가를 대표하는 박물관으로서의 기능 수행에 필요한 업무 등을 수행합니다. 고고, 역사, 미술, 기증, 아시아 관련 문화재를 전시하는 상설 전시실과 다양한 전시가 가능하도록 가변성 있게 구성된 기획 전시실, 체험과 참여 학습을 통해 전시를 이해하도록 설계된 어린이 박물관, 박물관 야외정원을 이용하여 석탑 등 다양한 석조유물을 전시한 야외전시실로 이루어져 있습니다.

국립중앙박물관 세계기록유산 보유 목록

국립중앙박물관에서는 세계기록유산 중 조선시대의 어보와 어책을 보유하고 있습니다.

연번	종류	소장품 번호	자료명	제작년도
1	교명	신수262	정조빈 현목수빈 빈 책봉 교명	1787
2	교명	신수9239	순종 왕세자 책봉 교명	1875
3	어책	신수9237	순종 황태자 책봉 금책	1897
4	어책	신수9235	철종비 철인왕후 왕비 책봉 옥책	1908
5	어보	동원1984	영조빈 소유영빈 빈 책봉 은인	1899
6	어보	신수211	고종비 순헌황귀비 비 책봉 옥인	1901
7	어보	신수212	단종 복위 시호 금보	1698
8	어보	신수213	단종비 정순왕후 복위 시호 금보	1698
9	어보	신수9236	고종 가상존호 옥보	1902
10	어보	신수9240	고종 가상존호 옥보	1900
11	어보	신수9238	고종비 명성황후 추상존호 옥보	1921

전산화(DB) 구축 여부 및 아카이빙 접근 방법

E 뮤지엄 사이트 접속하여 실제 세계기록유산을 검색할 수 있습니다.
(홈페이지: www.emuseum.go.kr)

〈어보와 어책 검색 방법〉

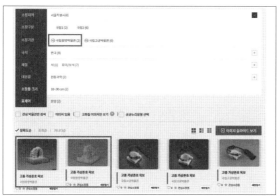

실물 접견 가능 여부

국립중앙박물관에서 문화재에 대한 원본을 열람을 하기 위해서는 공공기관·교육기관·학술기관 또는 연구단체에 근무하는 직원으로 연구의 목적을 가진 사람, 석사학위 소지 이상의 연구자로서 연구의 목적을 가진 사람, 석사과정 이상의 연구자로서 소속 학교 학과장의 추천을 받아 학위 논문을 작성하는 사람, 관장이 특별한 사유가 있다고 인정하는 사람이어야 한다는 기준이 있습니다. 자세한 사항은 사이트를 참고하면 됩니다.

(홈페이지: www.museum.go.kr)

관람 안내

- 관람시간: 월·화·목·금 10:00~18:00, 수·토 10:00~21:00

    일요일, 공휴일 10:00~19:00
- 관람료: 무료(상설전시관, 어린이박물관, 무료 특별전시)

    유료(기획전시실)
- 위치: 서울시 용산구 서빙고로 137(용산동 6가 168-6)

9.
국사편찬위원회

(국채보상운동 기록물, 조선통신사에 관한 기록물 소장)

국사편찬위원회는 우리나라 역사를 연구하고 그 체계를 정립함에 필요한 각종 사료의 조사·수집·보존·편찬과 이를 바탕으로 한 한국사의 연구·편찬·연수·보급을 원활하게 하여, 한국사 연구의 심화와 체계적인 발전 및 국민의 역사인식 고양에 기여함을 목적으로 하는 국가기관입니다.

즉, 국사편찬위원회는 국내외 사료의 조사·수집·보존을 위한 장기계획 및 연차계획의 수립·시행, 한국사 연구·편찬·연수·보급을 위한 장기계획 및 연차계획의 수립·시행 등 귀중자료를 지정하여 관리하는 기관입니다.

국사편찬위원회 세계기록유산 보유 목록

국사편찬위원회에는 두 종류의 세계기록유산을 보유하고 있습니다. 2017년 유네스코 세계기록유산으로 등재된 조선통신사 기록물은 5건 11점, 국채보상운동 기록물은 통감부문서 7책 117건을 소장하고 있습니다.

조선통신사에 관한 기록물(5건 11점)의 목록은 다음과 같습니다.

연번	자료명(등록번호)	저자	연대	수량
1	일관기(KO13412~KO13415)	남옥	1763	4
2	1636년 통신사 임광등시축(RB52)	김세렴 등	1636	1
3	1655년 통신부사 유창시축(RB16)	유창	1655	1
4	숙종37년 통신사행렬도 (RB13, RB14, RB41, RB61) 도중행렬도, 등성행렬도 귀로행렬도, 귀국행렬도	표희좌위문	1711	4
5	1719년 통신사종사관 이명언시축(RB39)	이명언	1719	1

국채보상운동 기록물은 통감부문서 7책 117건으로 목록은 다음과 같습니다.

연번	자료명	연대	수량
1	통감부문서 2권	1908	4
2	통감부문서 4권	1908	39
3	통감부문서 5권	1908	57
4	통감부문서 6권	1909	3
5	통감부문서 7권	미상	1
6	통감부문서 8권	1908	12
7	통감부문서 9권	1909	1

전산화(DB) 구축 여부 및 아카이빙 접근 방법

국사편찬위원회에서는 기록유산에 대하여 전산화를 구축하여 서비스를 제공하고 있으며 조선통신사 기록물은 전자도서관 웹페이지(library. history. go. kr)에서 자료명을 검색하여 관련정보를 열람할 수 있습니다. 하지만 아쉽게도 원문은 제공되지 않고 있습니다.

(홈페이지: library. history. go. kr)

(출처: 전자도서관 홈페이지)

국채보상운동 기록물은 한국사데이터베이스 웹페이지(db.history.
go.kr)에서 '시대별일람＞대한제국＞주한일본공사관기록 통감부문서'에
서 자료명을 검색하거나 검색어로 '국채보상운동'을 키워드로 검색하여
원문을 열람할 수 있습니다. (홈페이지: db.history.go.kr)

〈국채보상운동 기록물 검색 방법〉

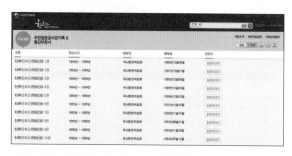

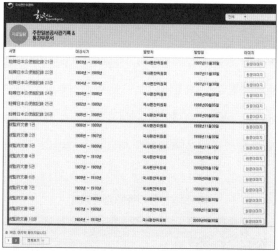

(출처: 한국사데이터베이스 홈페이지)

실물 접견 가능 여부

　국사편찬위원회에서는 소장하고 있는 조선통신사 기록물과 국채보상
운동 기록물은 귀중자료로 지정하여 관리하고 있기 때문에 「국사편찬위

원회 소장자료의 관리에 관한 규정(제174호)」에 의하여 귀중자료는 영구
보존을 위하여 원본의 열람 및 촬영을 제한하고 있으며, 디지털이미지 자
료로 대체하여 제공하고 있습니다.

관람 안내

대한민국실, 전통역사실, 자료전시실, 역사체험실 등 총 4개의 주제실
로 구성된 역사자료관을 운영하고 있습니다.

- 관람시간: 월~토 10:00~17:00
- 관람료: 무료
- 위치: 경기도 과천시 교육원로 86

10.
대구국채보상운동기념관

(국채보상운동 기록물 소장)

대구에서 발생하여 전국적으로 확산되었던 국채보상운동의 역사적 사
실을 대구시와 협력하여 세계적인 운동으로 성장할 수 있게 하였습니다.
향후 국채보상운동은 부채위기나 불황에 따라 세계경제가 어려움에 직면
할 때마다 위기를 극복함에 있어서, 국민적 연대와 책임의식에 기초한 경
제모델로 하기 위해 건립된 기념관입니다.

국채보상운동 관련 기록물은 전국에 흩어져 보관되고 있어 그 내용을
한 번에 확인하기 힘듭니다.

세계기록유산 보유 목록

국채보상운동기념관에서 분류하고 있는 수기자료 기록물은 전국에 215권이며 신문기사는 총 2,260건입니다.

연번	소장처	수기자료(권)	신문기사(건)
1	개인 소장	4	-
2	고려대학교 도서관	1	-
3	국가기록원	4	-
4	국사편찬위원회	117	-
5	국채보상운동기념사업회	22	-
6	국학진흥원	52	-
7	독립기념관	3	-
8	서울대학교 중앙도서관	1	453
9	한국금융사박물관	8	-
10	한국연구원	1	790
11	대한민국역사박물관	2	
12	국립고궁박물관	-	639
13	연세대학교 학술정보원	-	378

수기자료 215권의 종류를 살펴보면 다음과 같습니다.

분류	수량
발기문	2
취지서	10
회문	6
통문	5
격려문	2
규칙 및 규정문	4
성책	16
영수증	4
간찰	22
공문서	1
기타 문서	3

분류	수량
돈청문	1
보고서	3
시문	4
완의문	1
장부	1
포고문	1
회고록	1
총독부 기록물	4
통감부 문서	117
잡지	4

신문 2,260건을 신문사별로 분류하면,

분류	수량
대한매일신보	1,136
황성신문	616
만세보	378
대한민보	33

분류	수량
공립신보	29
경성신보	54
매일신보	14

전산화(DB) 구축 여부 및 아카이빙 접근 방법

(구축 예정)

(출처: 국채보상운동기념관 홈페이지)

실물 접견 가능 여부

원본을 보는 것은 불가능하지만 복제사진자료를 제공합니다.

관람 안내

- 관람시간: 09:00~18:00 하절기(3~11월)
             09:00~17:00 동절기(12~2월)
- 관람료: 무료
- 위치: 대구 중구 국채보상로 670
- 주차장: 국채보상운동 기념공원 공영지하주차장(유료)

11.
새마을운동중앙회

(새마을운동 기록물)

　새마을운동조직 육성법 제1조에 의거하여 설립된 사단법인으로 새마을운동 확산을 위한 범국민 교육 및 캠페인, 사회갈등 해소와 통합을 위한 나눔운동 활성화, 마을 단위 실천사업을 통한 새마을 만들기 추진 등 업무를 하는 곳입니다.

　특히, 1983년 4월 26일 경기도 성남시 율동에 건립된 새마을역사관은 연면적 1,745㎡의 규모로 지난 1970년 4월 22일 새마을운동 제창에서부터 개발도상국 빈곤퇴치모델로 주목받기까지의 새마을운동에 대한 역사가 담겨 있습니다.

새마을운동 기록물들을 통해 우리는 당시 어려웠던 시절의 농촌 근대화의 성공스토리를 확인하고 자발적 주민참여의 증거가 되며 국제사회발전을 위한 자료로 활용할 수 있습니다. 새마을운동으로 관련된 기록물은 새마을운동중앙회에서 운영하는 새마을운동아카이브에서 확인할 수 있습니다.

세계기록유산 보유 목록

전체 새마을운동 기록물 중 2013년에 22,084건이 세계기록유산으로 등재되었으며 14,647건(60%)은 행정안전부 국가기록원에 소장되어 있으며 나머지 7,437건(40%)은 새마을운동중앙회에서 보관하고 있습니다.

새마을운동 주요기록물로는 새마을운동 친필원고, 새마을 교본, 새마을 화보, 새마을운동 소개, 월간 새마을, 분임토의차트, 수료생 앨범, 수료생 편지, 마을단위 생산기록물 등이 있습니다.

실물 접견 가능 여부

새마을아카이빙에서 제공되고 있는 실물 일부를 새마을역사관에서 전

시하고 있습니다. (단, 방문하기 전에 사전예약 필수)

전산화(DB) 구축 여부 및 아카이빙 접근 방법

　새마을운동중앙회에서는 약 15만여 건의 기록물을 보유하고 있으며 3만 2천 408건(2019. 12월 기준)이 전산화가 되었고 대국민 서비스가 되고 있습니다. 일반문서 12,289건, 보고서 3,127건, 인화사진 1,142건, 시청각 기록물 1건, 기타 15,846건이 전산화(DB) 구축되어 있고 접근하기 위해서는 새마을운동아카이브에 접속하면 됩니다.

　(홈페이지: http://archives.saemaul.or.kr)

〈새마을운동 기록물 검색 방법〉

(출처: 새마을운동 아카이브 홈페이지)

관람 안내

- 관람시간: 평일 09:00~18:00(예약 031-780-7815)

- 관람료: 무료

- 위치: 경기도 성남시 분당구 새마을로 257

12.
서울대학교

(조선왕조실록, 승정원일기, 조선왕조 의궤, 동의보감,
일성록, 조선통신사에 관한 기록물,
국채보상운동 기록물 소장)

서울대학교에서는 규장각한국학연구원과 중앙도서관에서 기록유산을
보유하고 있습니다.

서울대학교 규장각한국학연구원은 국내외 한국학 연구의 진흥과 소장
자료의 과학적 보존·관리를 위하여 2006년 2월에 기존의 규장각과 한국
문화연구소를 합친 기관입니다. 한국학 연구를 수행하고, 한국학 연구 성
과를 국내외에 보급하고 국내외 기관 혹은 개인과 교류하며, 소장자료를
과학적으로 보존하거나 관리하고 전산화하여 이 자료들에 대한 연구·정
리 및 간행사업을 행할뿐더러 자료 활용이 원활하게 이루어지도록 열
람·복제 등의 편의를 제공하는 업무를 하는 기관입니다.

서울대학교 세계기록유산 보유 목록

먼저 규장각한국학연구원에서는 여섯 종류의 기록유산을 보유하고 있는데 규모가 상당합니다. 하지만 여기서 소장하고 있는 『동의보감』은 국보로만 지정되어 있고 세계기록유산으로는 미지정 된 상태입니다.

번호	세계기록유산명	보유 수량(책)	비고
1	조선통신사에 관한 기록물	41	서울대 규장각 소장
2	일성록	2,329	서울대 규장각 소장
3	동의보감	-	서울대 규장각 소장본은 국보이나, 세계기록유산으로는 미지정
4	승정원일기	3,243	서울대 규장각 소장
5	조선왕조 의궤	2,940	서울대 규장각 소장
6	조선왕조실록	1,202	서울대 규장각 소장
7	국채보상운동 기록물	-	서울대 중앙도서관 소장
합계		9,755	

전산화(DB) 구축 여부 및 아카이빙 접근 방법

이 기록들은 전산화(DB) 구축이 되어 있으며 아카이빙으로 접근하기 위해서는 다음의 URL 링크에 접속하여 '원문이미지' 아이콘을 클릭하면 됩니다. (홈페이지: kyudb.snu.ac.kr)

번호	세계기록 유산명	접근 방법	URL
1	조선통신사 기록물 (통신사 등록 등 6종)	사진3 - 서울대학교 규장각 고문서 검색 방법	http://kyudb.snu.ac.kr/book/ view.do?book_cd=GK12870_01 http://kyudb.snu.ac.kr/book/ view.do?book_cd=GK12870_02 http://kyudb.snu.ac.kr/book/ view.do?book_cd=GK12870_03 http://kyudb.snu.ac.kr/book/ view.do?book_cd=GK02089_00 http://kyudb.snu.ac.kr/book/ view.do?book_cd=GR32655_00 http://kyudb.snu.ac.kr/book/ view.do?book_cd=GR33547_00 http://kyudb.snu.ac.kr/book/ view.do?book_cd=GK13056_00 http://kyudb.snu.ac.kr/book/ view.do?book_cd=GG43373_00
2	일성록	사진1 - 서울대학교 규장각 원문 편년사 검색 방법	http://kyu.snu.ac.kr/home/sub_ index.jsp?ID=ILS&back=2
3	승정원 일기	사진1 - 서울대학교 규장각 원문 편년사 검색 방법	http://kyu.snu.ac.kr/home/sub_ index.jsp?ID=SJW&back=2
4	조선왕조 의궤	사진2 - 서울대학교 규장각 원문 의궤 검색 방법	http://kyu.snu.ac.kr/center/ main/main.jsp
5	조선왕조 실록	사진1 - 서울대학교 규장각 원문 편년사 검색 방법	http://kyu.snu.ac.kr/home/sub_ index.jsp? ID=JWS&back=2

〈사진1 - 서울대학교 규장각 원문 편년사 검색 방법〉

〈사진2 - 서울대학교 규장각 원문 의궤 검색 방법〉

〈사진3 - 서울대학교 규장각 고문서 검색 방법〉

실물 접견 가능 여부

규장각한국학연구원에서는 전시실을 매주 월요일에서 토요일(09:30~
17:30) 운영 중이며(무료 관람), 세계기록유산 중 일부는 현재 전시중이나
전시 개편 등에 따라 변경될 수 있으므로 방문 전 전시실에 문의가 필요합
니다(☎ 02-880-6030).

또한 전시실에서는 고문헌 보존을 위해 대체본(원문이미지, 마이크로
필름, 복제본 등) 열람을 원칙으로 하고 있고 전시실에서 실물 원본 관람
이 가능합니다.

그리고 서울대학교 중앙도서관에서는 전국에 흩어진 대구국채보상 기
록물 1권과 신문기사들을 보유하고 있습니다.

세계기록유산명	등재연도	보유 수량(책)	비고
대구국채보상 기록물	2017	연설대해 1권 및 대한매일신보, 대한민보, 경성신보 기사	신문기사는 453점 보유

전산화(DB) 구축 여부 및 아카이빙 접근 방법

국채보상운동 관련 기록물 1권은 전산화(DB) 구축이 되어 있으며 아카이빙으로 접근하기 위해서는 아래의 URL 링크에 접속하면 됩니다.

자료명	제공기관	URL
연설대해 (演說大海)	서울대학교 중앙도서관	http://rosetta-app.snu.ac.kr:1801/delivery/ DeliveryManagerServlet?dps_pid=IE1106602

〈서울대학교 중앙도서관 홈페이지 기록물 검색 방법〉

(출처: 서울대학교 중앙도서관 홈페이지)

실물 접견 가능 여부

서울대학교 중앙도서관은 전시실을 운영하지 않고 오직 온라인으로만
자료를 검색할 수 있습니다.

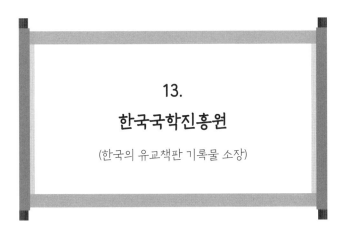

13.
한국국학진흥원

(한국의 유교책판 기록물 소장)

한국학 자료 가운데 특히 민간에 흩어져 있어 멸실 위기에 직면한 유교 관련 기록문화재들을 기탁받아 안전하고 과학적으로 보존하기 위한 목적으로 설립되었습니다. 1995년 12월 법인 설립 허가를 받았고 1996년 11월 제1회 한국학 대회를 열었으며, 2001년 10월 세계유교문화축제의 개막과 병행하여 공식적으로 개원하였습니다.

세계기록유산 보유 목록

한국국학진흥원에서 보유하고 있는 세계기록유산의 종류로는 유교책

판으로 수량은 305개 문중 718종 64,226장입니다. 특히 이곳의 유교책판
은 베트남의 응우옌 왕조의 목판과 팔만대장경과 같이 유네스코에 등재
된 목판 기록유산 세 개 중 하나입니다. 문중들의 문서들뿐만 아니라 임
진왜란의 발발에 따른 류성룡의 『징비록』도 보관하고 있습니다.

세계기록유산명	등재연도	수량
유교책판	2015	305개 문중 718종 64,226장

| 전산화(DB) 구축 여부 및 아카이빙 접근 방법

소유권 관련 문제로 기탁자를 제외한 외부인의 실물 견학은 불가능하
며 2012년부터 아카이브 작업을 시작하여 2018년 현재 23,510장이 구축
되어 있습니다.

검색어를 입력하거나 분류별로 확인하면 실물정보에 접근할 수 있습니
다. 목판명을 클릭하면 원본을 볼 수 있습니다.

〈유교책판 검색 방법〉

(출처: 한국국학진흥원 홈페이지)

단, 목판과 관련한 특수한 연구 목적에 한하여 승낙하에 열람이 가능합니다. 현재는 유교문화박물관에서 전시실을 운영하고 있습니다.

관람 안내

- 관람시간: 09:00~17:30(마감 1시간 전까지 입장 가능)
- 휴관일: 매주 월요일(공휴일 제외) 1월 1일, 설날, 추석
- 관람료: 무료
- 위치: 경북 안동시 도사면 퇴계로 1997

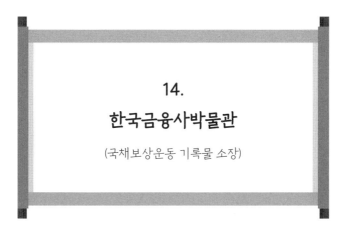

14.
한국금융사박물관

(국채보상운동 기록물 소장)

한국금융사박물관은 서울 광화문에 위치한 금융박물관으로 한국의 금융 100년의 역사 발전사를 한눈에 볼 수 있습니다. 일반 시민들과 학생들에게 금융 역사에 대한 전반적인 이해를 돕습니다. 전시관에는 조선시대 이전·조선시대·일제강점기·광복 이후의 금융 흐름 전체를 볼 수 있는 유물 및 도구들이 전시되어 있습니다.

구체적으로 전근대시대·근대기·일제강점기·해방 이후 한국 금융의 흐름이 전시된 '한국금융사실', 신한은행의 역사 전시관인 '신한은행사실', 고대부터 현재까지의 화폐와 상평통보 주조 과정 모형·기념주화·외국 화폐 등이 전시되어 있는 '화폐전시실'로 구성되어 있습니다.

세계기록유산 보유 목록

앞선 국채보상운동기념관에서도 잠깐 소개가 되었지만 대구국채보상
운동 관련 기록은 전국에 흩어져 보관되어 있습니다. 이 중 한국금융사박
물관에는 대구국채보상운동 관련 기록물 총 8권이 소장되어 있습니다.

연번	자료명	종류	언어	생산년도	내용
1	국채보상운동 취지서	취지서	한문 수기	1907	1907년 발표된 국채보상운동 취지서이다. 위기에 빠진 국가의 운명을 구하기 위해 온 국민이 단결해 국채를 보상하자는 내용이다.
2	국채보상운동 회문	회문	한문 수기	1907	창원향교가 각 회로 보내는 문서이다. 각 회에서 국채보상운동에 동참하도록 하고 장날인 17일의 모임에 모두 참석해 국채보상운동이 잘 이루어지도록 하자는 취지의 안내문이다.
3	의연소 공함회답	회문	한문 수기	1907	1907년 음력 2월 14일 무동 이장 박윤서가 창원항 의연소로 보낸 회신문이다. 마을 사람들에게 국채보상운동의 취지 등을 설명하고 있다는 내용으로 창원향교에서 보낸 국채보상운동회문에 대한 답신이다.

4	마항 (마산항) 의연소	회문	한문 수기	1907	마항 의연소가 향교 의연소로 보낸 문서이다. 향교 의연소에서 제정한 규약과 모금 액수, 의연금을 서울로 보낼 날짜 등을 문의하는 내용이다.
5	국채보상 운동광고	통문	한문 수기	1907	금연을 통해서 외채를 갚자는 경남 창원 단연회소의 광고문이다. 대한제국의 외채가 1300만 원이 넘어 경제적으로 위태로우니 국민 모두가 절약하여 외채 갚기에 노력하자는 내용이다.
6	통문	통문	한문 수기	1907	1907년(음) 3월 1일 곽종석, 안택중, 정규석 등이 경남 애국상채소를 조직하면서 발표한 공고문이다. 경남도민 모두가 국민으로서 국채보상운동에 동참할 것과 각 고을별 상채소의 규칙을 제정하여 시행할 것 등을 권고하는 내용이다.
7	국채보상 영수증	영수증	한문 수기	1907	1907년 4월 1일 공주군 우정면 신곡에서 발기인 김갑순과 이지현이 국채보상금 1원 50전을 내고 받은 영수증이다.

8	창원항 상채 의연소 문서	공문서	한문 수기	1907	창원항 상채의 연소가 마산항 상채의 연소로 도장을 만들어 보내면서 그 가격 3냥 5전을 보내라는 문서이다. 국채보상운동의 각 지역 조직간 연계망을 확인할 수 있으며 의연금모금의 실무관계가 실질적으로 사용하는 도장에 이르기까지 긴밀하게 이루어졌음을 알 수 있는 문서이다.

전산화(DB) 구축 여부 및 아카이빙 접근 방법

먼저 한국금융사 박물관 홈페이지에 접속하여 해당 기록물을 검색하면 됩니다. (홈페이지: www.shnhanmuseum.co.kr)

<금융사 박물관 홈페이지 기록물 검색 방법>

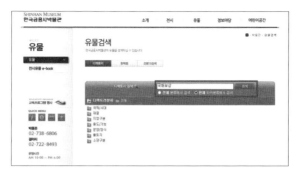

(출처: 한국금융사박물관 홈페이지)

실물 접견 가능 여부

한국금융사실에 방문하면 국채보상운동 관련 기록물 8점의 실물을 볼
수 있습니다.

관람 안내

- 관람시간: 매일 10:00~18:00(근로자의 날 휴관)

- 관람료: 무료

- 위치: 서울 중구 세종대로 135-5

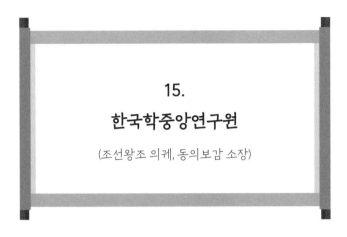

15.
한국학중앙연구원

(조선왕조 의궤, 동의보감 소장)

한국학중앙연구원은 1978년 6월 한국정신문화연구원육성법(법률 제 3116호)에 따라 한국정신문화연구원으로 시작하여 2005년 1월 한국학중앙연구원육성법이 공포되면서 지금의 명칭으로 바뀌었습니다.

여기서는 국학을 연구하고 한국학을 세계에 널리 알리는 것이 목적입니다. 또 장서각에 소장하고 있는 방대한 한국학자료를 전산화하고 다양한 한국학 콘텐츠를 개발하여 관련 정보에 관심 있는 연구자와 시민들에게 제공하는 일을 합니다.

세계기록유산 보유 목록

한국학중앙연구원에서는 세계기록유산을 두 종류, 『동의보감』과 조선
왕조 『의궤』 총 528점을 보유하고 있습니다.

세계기록유산명	등재연도	보유 수량
조선왕조 의궤	2007	503점
동의보감	2009	25점

전산화(DB) 구축 여부 및 아카이빙 접근 방법

한국학중앙연구원의 세계기록유산의 실물에 접근하기 위해서는 일반
인의 원본 열람 및 견학이 제한됩니다. 그렇기 때문에 원문디지털화가 되
어 있는 장서각 홈페이지에 접속하면 됩니다.

(홈페이지: jsg.aks.ac.kr)

〈장서각 홈페이지 기록물 검색 방법〉

(출처: 한국학중앙연구원 홈페이지)

장서각 홈페이지에 접속하여 기록유산을 검색하는 방법은 다음과 같습
니다.

- 서지: 서지정보가 입력되었다는 뜻
- 해제: 해석을 다했다는 뜻
- PDF: 원문을 제공하고 있다는 뜻

원문 대신 관련 정보를 살펴보기 위해서는 한국학전자도서관에 접속하면 됩니다.

(홈페이지: lib.aks.ac.kr)

여기서는 조선시대 『의궤』나 『동의보감』 관련 정보 외에도 한국학 자료들을 검색할 수 있습니다. 또한 한국학중앙연구원의 전시관에서는 상설관과 특별전을 운영하고 있기 때문에 언제든지 방문하면 됩니다.

관람 안내

- 관람시간: 월~토 09:30~17:30(매주 일요일 및 공휴일 정기 휴관)
- 관람료: 무료
- 위치: 13455 경기도 성남시 분당구 하오개로 323 한국학중앙연구원

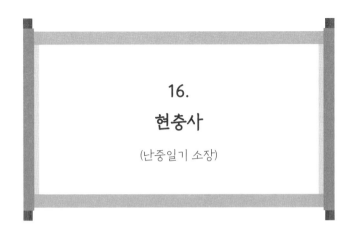

16.
현충사

(난중일기 소장)

1592년에 발발한 임진왜란이 끝난 해인 1598년 노량해전에서 이순신이 전사(戰死)하자 유생(儒生)들이 이순신의 애국 충렬정신을 기리기 위해 조정에 건의를 했고, 조선 숙종 32년(1706)에 숙종의 어명으로 지금의 자리에 사당을 지었습니다.

세계기록유산 보유 목록

현재 문화재청 산하 현충사관리소가 운영하고 있으며 장검 2자루와 옥로(玉鷺) 1구(具), 그리고 세계기록유산인『난중일기(亂中日記)』등 유물이 보존되어 있습니다.

세계기록유산명	등재연도	자료명	수량
난중일기	2013	임진일기	1
		계사일기	1
		갑오일기	1
		병신일기	1
		정유일기	1
		속정유일기	1
		무술일기	1
		서간첩(별책부록)	1
		임진장초(별책부록)	1

일기의 구성을 보면 제1권은 『임진일기』로 선조 25년(1592) 5월 1일부터 선조 26년(1593) 3월까지 27매, 제2권은 『계사일기』로 선조 26년(1593) 5월 1일부터 9월 15일까지 30매, 제3권은 『갑오일기』로 선조 27년(1594) 1월 1일부터 7월 28일까지 52매, 제4권은 『병신일기』로 선조 29년(1596) 1월 1일부터 10월 11일까지 41매, 제5권은 『정유일기』로 선조 30년(1597) 4월 1일부터 10월 8일까지 27매, 제6권은 『정유일기속』으로 선조 30년(1597) 8월 4일부터 선조 31년(1598) 1월 4일까지 20매이나 약간의 중복된 부분이 있습니다. 제7권은 『무술일기』로 선조 31년(1592) 9월 15일부

터 10월 7일까지 8매로 구성되어 있습니다.

별책부록으로는 『서간첩』과 『임진장초』가 있는데 『서간첩』은 간찰(簡札)을 첩장한 것이며 『임진장초』는 1592년에 이순신이 보고하고 군무에 대하여 지령을 청한 계달(啓達)의 글을 필록(筆錄)시킨 등록(謄錄)입니다.

실물 접견 가능 여부

『난중일기』는 현재 소유권자의 요청으로 원본을 확인할 수 없으며 현충사 일대를 성역(聖域)으로 지정, 보호하고 충무공이순신기념관을 개관하여 전시 운영 중이며 『난중일기』 복제본을 전시하고 있습니다.

전산화(DB) 구축 여부 및 아카이빙 접근 방법

국가문화유산포털에 접속하여 서지정보와 원본이미지를 확인할 수 있습니다.

(홈페이지: www.heritage.go.kr)

〈국가문화유산포털 기록물 검색 방법〉

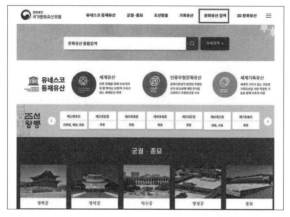

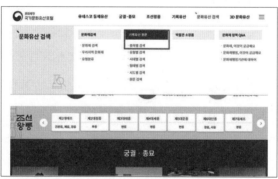

(출처: 국가문화유산포털 홈페이지)

관람 안내

• 관람시간: 하절기(3~10월) 09:00~18:00

　　　　　동절기(11~2월) 09:00~17:00

　　　　　(매주 월요일 휴관)

• 관람료: 무료

• 위치: 충청남도 아산시 염치읍 현충사길 126

세계기록유산 소장기관 지도

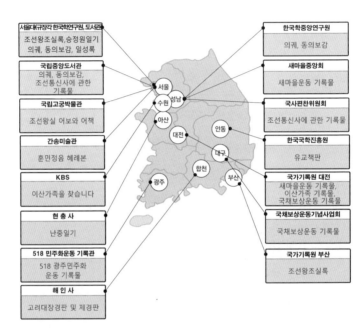

서울대규장각 한국학연구원, 도서관
조선왕조실록, 승정원일기
의궤, 동의보감, 일성록

한국학중앙연구원
의궤, 동의보감

국립중앙도서관
의궤, 동의보감,
조선통신사에 관한
기록물

새마을중앙회
새마을운동 기록물

국립고궁박물관
조선왕실 어보와 어책

국사편찬위원회
조선통신사에 관한 기록물

간송미술관
훈민정음 해례본

한국국학진흥원
유교책판

KBS
이산가족을 찾습니다

국가기록원 대전
새마을운동 기록물,
이산가족 기록물,
국채보상운동 기록물

현 충 사
난중일기

국채보상운동기념사업회
국채보상운동 기록물

518 민주화운동 기록관
518 광주민주화
운동 기록물

국가기록원 부산
조선왕조실록

해 인 사
고려대장경판 및 제경판

서울
성남
수원
아산
대전
안동
대구
합천
광주
부산

(출처: 『세계기록유산 100% 활용하기』 저자 제작)

세계기록유산
100% 활용하기

ⓒ 홍덕용, 2020

초판 1쇄 발행 2020년 6월 5일
　　4쇄 발행 2022년 8월 12일

지은이　　홍덕용
펴낸이　　이기봉
편집　　　좋은땅 편집팀
펴낸곳　　도서출판 좋은땅
주소　　　서울 마포구 성지길 25 보광빌딩 2층
전화　　　02)374-8616~7
팩스　　　02)374-8614
이메일　　gworldbook@naver.com
홈페이지　www.g-world.co.kr

ISBN　979-11-6536-436-6 (03910)

이 도서의 국립중앙도서관 출판예정도서목록(CIP)은 서지정보유통지원시스템 홈페이지(http://seoji.nl.go.kr)와 국가자료공동목록시스템 (http://www.nl.go.kr/kolisnet)에서 이용하실 수 있습니다. (CIP제어번호 : CIP2020021216)